売上が上がる

バックオフィス最適化マップ

本間卓哉

CrossMedia Publishing

はじめに——なぜバックオフィスを変えれば会社が変わるのか

みなさんの会社では、どのくらいITサービスを活用しているでしょうか？　また、IT活用の必要性を感じているでしょうか？

本書は、バックオフィスやその他の企業内の業務をITによって最適化する手法をお伝えするものです。「バックオフィス」とは、総務や経理などの、社内で顧客とダイレクトには接さずに働く職種や業務を意味し、本書が目指す「最適化」は社内全体の業務におけるものです。

近年、ITによるバックオフィス最適化を考える企業は増えています。たとえば、

- ITサービスの導入による、人間が手作業で行ってきた事務作業の省力化・自動化
- グループウェアやチャットツールによる、情報共有やコミュニケーションの活性化

といった試みです。しかし、その一方で、ITサービスの導入などに苦戦する企業も多く、そのような悩みを持つ経営者やIT活用を推進される方々に、ITの活用・導入に必要な考え方や方法論をお伝えします。専門家向けの内容ではなく、経営層や現場のみなさんに役立つため

に、わかりやすく噛《か》み砕いた内容を意識しました。

著者である私・本間卓哉は、一般社団法人IT顧問化協会の代表理事を務めています。「IT顧問」というのは、顧問税理士が企業の会計や節税についてアドバイスをするように、企業のIT活用・導入についてアドバイスをしたり、現場で導入支援をしたりする存在です。「IT活用」の内容は多岐にわたります。先ほど挙げた例以外にもいくつか挙げるなら、

- 属人的な領域のシステム化（例：「営業のエースの頭の中にだけ特別な情報・ノウハウがある」といった状況の企業の営業部に顧客管理システムを導入）
- ウェブやクラウドツールを活用したマーケティング
- テレワークを可能とする環境の構築

といったものです。IT活用を推進すると、社内のコミュニケーション手段の構築やテレワークの実現などによって、バックオフィスだけでなく、営業や販売といった、顧客と直に接する「フロントオフィス」の業務にもよい影響が波及することもあります。

IT技術の進化はめざましく、その恩恵を存分に受けている方も多いでしょう。新型コロナウイルスの影響でテレワークを始めた方もいるかもしれません。そんなみなさんには釈迦に説

法かもしれませんが、まだまだ「ITで代替できる作業」に、多大なる労力と時間をかけている企業はたくさんあるのが実態です。

むしろ、日本全体を見れば、その活用度や理解度はまだまだ低いと言わざるを得ません。

昨年、あるコーポレートエンジニアの方が、中小企業の社内SEとして、一部社員に過度な、さらには不要かつ非効率な負荷がかかっていた作業を自動化した結果、「社内の文化を破壊した」として経営者からクビを言い渡されてしまった……という衝撃的なnoteの記事※が話題になりました。残念ながら、このような認識の経営者はまだまだ存在するのが現実です。

こうした企業では、効果的・効率的なIT導入など夢のまた夢です。少し厳しいことを言わせていただくと、いずれ競争力を失い、苦しい状況へ追い込まれていくことでしょう。言葉は悪いのですが、そのような企業はある種「自業自得」と言えます。

ただ、私がそれ以上に問題だと感じるのは、経営者が現状に問題を感じて「ITシステムを活用して問題を解決したい」と考えているのに、IT活用・導入を実現できる人材が社内にいないケースが非常に多いことです。

IT顧問は、このミスマッチを解消する存在です。

私はかつてChatwork株式会社（旧EC Studio）でマーケティング担当として働き、徹底した

※ https://note.com/hrfr84/n/nfe02c7abac5e

IT活用によって効率的なワークスタイルを築いていました。その後、社内ベンチャーを経て独立し、IT活用を進めたい企業のサポートをしています。

そんな私が前述のIT顧問化協会の設立に至ったのは、シンプルに、経営とITのミスマッチを解消するには、自分だけでは手が足りない――と考えたからです。

ITを本格的に活用したいと考える方は、着実に増えています。現状の活用度・理解度は低くとも、最終的に社会が活用の方向に進むのは間違いありませんし、現状がまだまだであるからこそ、IT活用をサポートする専門家の活躍の場は、今後も確実に増えていくでしょう。

アメリカではCIO（Chief Information Officer＝最高情報責任者）を設置する企業が多く、日本でも増えていくと考えられますが、問題は中小企業です。現状では、CIOを務められる人材はそう多くありません。そんな人材の獲得競争が起きると、どうしても大企業が有利になってしまいます。

そして、仮にそれだけの人材を中小企業が役員待遇で招き入れられたとしても、それはそれでミスマッチが起こる可能性があります。どういうことかと言うと、実際に中小企業のIT支援に入ると、解決策が非常にシンプルなものに落ち着くケースが多々あるのです。月額利用料が1人あたり数百円で済むITツールを、いくつか導入すれば済む企業も少なくありません。

このレベルの問題解決なら、CIOを常時雇用するより、外部の専門家を登用するほうが現実的、かつ費用的にも適切な投資になると私たちは考えています。

ＩＴ導入支援をある程度の期間受け、メドがついたら自社のみで運用し、定期的にサポートを受ける――。ＩＴ顧問が、冒頭でもお話ししたように、顧問税理士のような存在であることがイメージしていただけるのではないでしょうか。

こうしたニーズに対応できる専門家のネットワークを形成するべく、さらにはＩＴ活用を考える企業側から見てもわかりやすい相談の窓口となるべく、協会を設立したのです。

またＩＴ導入支援は、士業などと同様、誰にでもできる仕事ではないので、社外（External）のＣＩＯとして役割を果たせる人材であると当協会が認める「ｅＣＩＯ」認定制度を設け、認定を受けた優秀な専門家のネットワークを形成しています。

クラウドと「データ連携」が広げたＩＴ活用の可能性

先進的な人材・メディアが「ＩＴ活用」「クラウド活用」の声を上げるようになってすでに10年以上経ち、実際に素晴らしいサービスが続々と生まれています。

しかし、それらのサービスをつくったり、販売したりしている企業は、どこも「まだまだ自社のサービスが浸透していない」と感じています。

先述したように、本書はＩＴ活用の必要性を感じながらも、ＩＴ導入を実現できない企業に向けた内容になっていますが、執筆の動機としては、「ＩＴ活用の必要性を実感していない」層に届けたい――という思いも強くあります。

近年は、サービスを提供する側も、自分たちのやり方にも問題があったと認識し、さまざまな取り組みを進めています。特に顕著なのが、「他社サービスとのデータ連携」です。たとえば、Ａ社が提供する給与計算ソフトのデータは、Ａ社の会計ソフトと連携しており、給与計算を行えば自動的に会計ソフト上でも経理処理がなされるのが一般的です。

このような連携が、「Ａ社の給与計算ソフト」と「Ｂ社の会計ソフト」といった、別企業のソフト・サービス間でも可能となる動きが日進月歩の勢いで広がっています。

顧客の囲い込みを狙うよりも、ＩＴを活用する企業の裾野が広がるほうが、結果的に自社の利益につながるという判断がなされたのでしょう。

この流れをさらに後押ししたのが、「働き方改革」による一連の動きです。

残業ありきで回っていた企業にとって、効率化は喫緊の課題です。その解決策として、本書で解説する「バックオフィスの最適化」が、これまで以上に注目を集めているのです。

東京商工会議所は２０１９年、ＩＴに慣れていない中小・小規模事業者の経営者の方などに、ＩＴ活用を具体的に提案し応援する〝「はじめてＩＴ活用」１万社プロジェクト〟を開始。20年

10月の稼働を目標とする政府共通プラットフォームでも、アマゾンの提供するAWS（Amazon Web Services）の利用が前提となっています。もはや、このような流れは止められません。

とはいえ、こうした時代の流れをまだ理解していない方や、理解しつつも自前でIT活用を進められず、そのサポート役であるeCIOのような存在も知らない方は少なくありません。

私は3年前に『全社員生産性10倍計画』という書籍を上梓しているのですが、経営者には読書家が多いため、未だに同書の読者の方からのお問い合わせをよくいただきます。

そのため、**ITには強くないけれど、ビジネス書をよく読まれる経営者の方々にも、IT活用の重要性や、導入を助ける専門家の存在を知ってほしい**という思いから本書の執筆に至りました。

本編では、具体的なITサービス等の名称も挙げてバックオフィス最適化のポイントを紹介していきますので、外部に頼らず、自社でIT活用を実現したい方にもおすすめします。

重要なのは「それで売上が上がるかどうか」

そして、IT活用にあまり興味がない方々にも、本書の強みとして強く訴えたいのが、「売上アップをゴールに設定している」点です。

私個人で400社、協会全体では1000社以上のクライアントを見てきてわかったのは、やはり「経営者の方々は売上アップを望んでいる」ということです。

たとえば、ITによって「今まで3人の社員が2週間かけていた作業が、3日で済むようになった」としましょう。これはもちろん素晴らしいことですが、**大切なのはそれが実際の売上や利益につながること**です。

当たり前の話と思われるかもしれませんが、多くの経営者は「バックオフィス最適化」と聞くと、単なる効率アップを思い浮かべます。もちろんそれは悪いことではないものの、効率アップのためにITツールの月額利用料がかかるなら、現状のままでもよいのではないか――と考える方が非常に多いのです。また、ITには詳しいけれど、残念ながら経営の視点・知識がなく、効率アップを実現した先のビジョンがない業務改善の専門家も同様に多いです。

しかし私たちは、IT活用が、バックオフィスの最適化が、売上アップにつながることを理解し、そのために必要な手順を策定します。クライアントの理想的な業務フローを考え、それがどんな形で実行できるのかを考え、最適なツールを提案し、導入支援を行っています。

本書は全部で5章からなります。

第1章では、問題提起および概論として、「なぜITの必要性を理解している企業であっても、IT導入に失敗してしまうのか」を原因まで遡《さかのぼ》って解説します。さらに解決策として、本書の根幹をなす「会計から逆算する」という考え方を提示します。

第2章と第3章は各論です。第2章は「従業員」、第3章は「顧客」という2つの軸から業務を見直し、ITを活用する方法論を解説します。各項目の説明は、刊行後、時間が経っても陳腐化しにくいよう、ツールの紹介は最低限に留め、基本的な考え方を中心に解説します。

第4章は、多くの人が抱く「よくある疑問」に対して、Q&A形式で答えていきます。

最後の第5章では、発展編として、「会計から逆算する」視点で既存の業務を見直した後も、さらにIT活用を推進し、自社の可能性を広げていきたいと考える前向きな読者の方々に向けて、本格的にITを活用していく上で必要な考え方やヒントをお伝えしていきます。


ITの真価に気づいていない経営者や従業員のみなさんが、自社でIT活用に取り組んでくれれば、結果として企業の売上はアップし、ムダな作業が減って現場で働く方々のプラスにもなり、ひいては消費税増税や新型コロナウイルスの影響に苦しむ日本社会にも少しは貢献できるのではないか……と考えています。

「バックオフィス最適化と売上アップにどんな関係が？」と感じる方にこそ、手に取っていただきたいと思っています。最後までお読みいただければ幸いです。

第3章 「顧客」の軸で見直す

第4章 IT活用の「よくある疑問」一つひとつ答えます

第5章
さらに業務を「最適化」していくには

第1章

非効率なITは「会計」の視点で組み直せ

1 ITインフラは業務環境を整え売上を上げるための「投資」である

この章では、「なぜ多くの企業でIT活用が進んでいないのか」という点について、さまざまな観点から解説していきます。

最初にお伝えしたいのは、バックオフィス最適化のために発生する、社内インフラの整備やITツールの導入にかかる費用は、売上や利益を上げるための「投資」であるという点です。

導入・運用につまずいているだけで、IT活用の重要性を理解されている方を除けば、多くの経営者は、IT導入のため発生する出費を単なる「コスト」と捉えてしまいます。

ひとつの原因として、大半の企業においては、IT活用で改善されるのは「現場の業務」が多く、「経営者の業務」は比較的少ないという点が挙げられます。新たに経費精算システムを導入して、現場の社員の経費精算の手間、経理処理の手間が大幅に減ったとしても、経営者本人の経費精算が秘書や総務任せなら、その恩恵を理解できない可能性は高いでしょう。

さらに、経営者は財務諸表を見て、IT導入の費用の増加は認識できます。その結果として、同時に人件費が減ったり、売上が上がっていたりする可能性もありますが、それらの原因がバックオフィス最適化にあると推測できなければ、単なるコスト増に映ってしまいます。

つまり、「直接的なコスト」は見えていても、現場で発生している「間接的なコスト」は見えていないというケースが少なくないのです。

経費精算を例に考えてみましょう。社員が手作業で金額や費目をエクセルに入力し、それを印刷して領収書と一緒に経理に提出する。経理はそれを目視で手入力する――といった作業に1カ月あたり1人30分かかっていたとしましょう。

40人の会社で経費精算システムを導入して、その作業を10分でできるようになったとしたら、全社で月に800分、約13時間の節約になります。正社員の時給を3000円とすると、時給換算で約4万円。経費精算システムは1人あたり月500円程度で利用できるので、導入費用が2万円ならすでに得をしている格好です。

さらに、その時間が減れば残業代などの人件費が減りますし、いちいち紙に印刷する機会が減るので消耗品費も減ります。残業がそもそもない会社なら、その浮いた時間で新しい取り組みを始められるので、売上アップも期待できるわけです。

ポイントは、「数字を盛り込んで可視化すること」。見えにくい間接コストを可視化し、それがＩＴによってどれだけ解消できるのかを提示する必要があります。優秀な経営者なら、ＩＴシステム導入費がコストではなく投資だと腑に落ちるはずです。

また、このような間接コストの負担が現場にあることを理解せずに、働き方改革を受けて「早く帰って」「残業代はこれ以上出せない」などと言うだけではどうにもなりません。笛吹けど踊らず、従業員のみなさんのモチベーションが下がるだけです。

見方を変えれば、多くの日本企業には、最新のＩＴでバックオフィスを最適化すれば、大幅に削減できるムダがたくさん残っているということです。

かつてその作業は、ムダではなく、必要な手続きを最も効率よく進める手順だったのでしょう。しかし、時代と技術の変化は、それらの作業を〝ムダな作業〟に追いやってしまいます。

これは、経費精算などに限ったミクロな話ではありません。「はじめに」で触れたように、この変化を知らずに間接コストを負担し続けている（間接コストに対する人件費こそ、最もムダな「コスト」です）企業は、マクロな視点で見ても「いずれ競争力を失っていく」でしょう。

バックオフィス最適化にかかる費用は、コストではなく投資である――。

この認識をもとに、本書を読み進めていただければ幸いです。

2 なぜ「好き勝手に使っている」状況になるのか

ここからは、私たちがさまざまな現場で見聞きした、IT導入がうまくいかないケースと、その理由を説明していきます。

ITによる問題解決に取り組む際に、最も重要なのは、「責任者が現場を理解していること」です。実は、経営者が導入を試みる前に、現場ですでに何かしらのITツールを勝手に使っているケースは少なくありません。行動力や発言力の強い社員が「これを導入したい」と言うと、反対するのも面倒だと考える人も多いので、「やってみようか」となりがちなのです。

働き方を工夫するのは大切なことですし、実際に作業効率が上がる場合もありますが、その動きを経営者や上長が把握していないと問題が起きます。そうと知らずに、トップダウンで新ツールの導入を試みると、現場で重宝されていたツールとデータ連携ができずに反対されたり、どちらも使用するものの、連携がないためにデータを移す際に手入力作業が発生して、期待通りの効率化を実現できなかったり——といった結果になりがちです。

このような問題が発生しないＩＴ導入の実現には、少なくとも経営者や上長が、「現場のシステム運用の現状」を知っている必要があります。

ほぼアナログの作業をＩＴ化するのと、システム化されている作業に新しいシステムを導入するのとでは、やり方も大きく変わります。そのため、現場が部分的にＩＴ導入を済ませているなら、それを把握しておかなければいけません。また、場合によっては、現場で使われているツールを軸に、バックオフィス最適化の道筋を考えるケースもあります。

ちなみに、本書の書名に「マップ」とあるように、**ＩＴ活用には、進むべき目的地や、そこに到達する道順がわかる「地図」や「設計図」が必要不可欠**です。そのビジョンなしに、場当たり的に導入を進めてしまうとまず失敗します。そして、現場を知らなければ正しいマップを描きようもないので、このような観点からも、現場を知ることが重要なのです。

加えて、導入後の経過観察においても、現場をしっかりと理解・把握しなければいけません。トップダウン方式のＩＴ導入が失敗する背景のひとつに、ある人はしっかり想定通りに使ってくれるが、苦手な人はサービスのアカウントをつくるだけでロクに利用せず、従来の方法で仕事をする——といった形で、現場の個々人が好き勝手なシステム運用をしてしまうことがよくあります。

この状況を放置すると、IT導入はうまくいきません。

どれだけ便利で、利用に慣れたら「本当に導入してよかった」と喜んでもらえるツールであっても、始めのうちは使い方を覚えたりする時間をとられますし、慣れた昔のツールのほうが楽だと感じたりと、心理的な障壁が立ちはだかるものです。

ITに不慣れな人は、その壁にぶつかると、やる気を失ってしまう可能性があります。そんな従業員がもしいるとしたら、使用方法のレクチャー等のサポートをしっかり行うなど、現場が自立して新ツールを運用できるまで、適切な対処をする必要があります。現場の状況を把握していないと、そんなサポートもできません。

「責任が取れない」「結局、使えない」……IT投資が直面しやすい意見

前項で、「IT投資は単なるコストではない」と説明しました。

正直に言うと、バックオフィス最適化の重要性を理解している身としては、IT活用に取り組まない企業の考えが理解できないくらい、圧倒的な効果が見込める投資だと思います。しかし、その真価を認識していない方はまだまだ多いと言えます。

経営者側・現場側の双方に言えることですが、日本の企業文化として、どうしても「変化を恐れる」傾向があります。特に歴史の長い会社には顕著です。

その心理的障壁を取り払うには、「IT活用によって何が変わるのか」「導入するべき理由や背景」などを丁寧に説明し、現場の理解を得た上で、これまでのやり方も継続しつつ、段階的に新しいツールに慣れていくステップを踏む必要があります。

また、何かを大きく変えて失敗したとしたら、社員は誰だってその責任を負いたくはありません。そのため、新しいツールを試す中で多少の問題が起きても、「それはITの導入を指示した我々経営者サイドの責任である。だから安心して使ってほしい」と明言しておくことも大切です。

現場からよく出るのが、「結局、使えない」といった意見です。

これは、最新のツールの便利さを知らないから出てくる発言である場合がほとんどです。逆に言えば、これはしっかり説明すれば解消できる不満でもあります。

大切なのは、現場の動機形成です。「経営者や責任者が入れたい」からIT導入するのではなく、現場の社員も「使いたい」と思うところまで説明し、対話を重ねてください。

たとえばグーグルのグループウェア「G Suite」を導入する場合、単に「G Suiteを導入します」ではなく、「○○のためにG Suiteを導入します」と説明します。

G Suiteは非常に機能が多いので例を絞りますが、「スマートフォンでメールを利用できるよ

うになる」「Googleドキュメントやスプレッドシートをオンライン上で編集できるようにな
る」「Googleドライブでファイルのクラウド共有ができる」「Google Meetでウェブ会議ができ
る」……と単に機能を説明するだけではいけません。

ＩＴに慣れ親しんでいる人は、それだけでイメージがつきますが、そうではない人の動機形成につながるように伝えるべきです。「スマートフォンでメールを利用できるようになるから、移動中に急ぎのメールが来ても対応できる」「Googleドキュメントやスプレッドシートをオンライン上で編集できるから、会議にＰＣを持ち込んでその場で記入すれば、メモをとってそれを後で議事録にまとめる手間が減る」「仕事に使うファイルをGoogleドライブに入れれば、社外でもファイルを参照・編集・ダウンロードできるし、Google Meetでウェブ会議もできるから在宅でテレワークもできる」といった伝え方をする必要があります。

3 IT投資をムダにしない「部門の壁」と「連携」の捉え方

経費精算システムを使う営業部、そのデータを受け取る経理部、というように、1つのツールを導入すると、複数部署をまたいで運用されるケースが多々あります。

ここで大きく立ちはだかるのが、「部門の壁」です。

部署Aでは導入が歓迎されるが、部署Bでは歓迎されない。そして部署Bの発言力の強い人の意見が通り、使われなくなってしまう——といった形で、導入に失敗することがあるのです。

この事態を回避するには、前項と同じ理屈で、「現場を理解すること」、そして「現場の理解を得ること」が必要不可欠です。ポイントは、運用プロセスの具体的なイメージです。

ITツールの導入と運用に外部の専門家を登用しない場合、新しく導入したシステムの設定や使用方法のレクチャーは、情報システム部門（情シス）の方や、社内のITに詳しい方が担当します。そのようなITに慣れている人物が、自分の部署以外の現場のルールや考え方を理解しないまま、システムを導入しようとすると、反発を招くことが多々あるのです。

設定・導入する側は、「ツールを導入すること」がゴールと考えがちです。しかし**真のゴール**

は、「現場で新システムが問題なく運用できるようになること」です。旧システムがどれだけ不便そうに見えても、利用し続ける現場にはそれなりの理屈があります。その理屈を意識して、現場に合ったシステムを選ぶ視点も求められます。

たとえば、勤怠管理システムで2つのツールのいずれかの導入を検討する場合、図表1のように、ツールCは多機能で費用はDと同じ、ツールDは機能はシンプルだがユーザー・インターフェイス（UI）が従来のツールに似ているとします。情シスの目線ではツールCを導入しようと考えがちですが、現場の労務担当者は、旧システムとUIが似ているDのほうが「使いやす

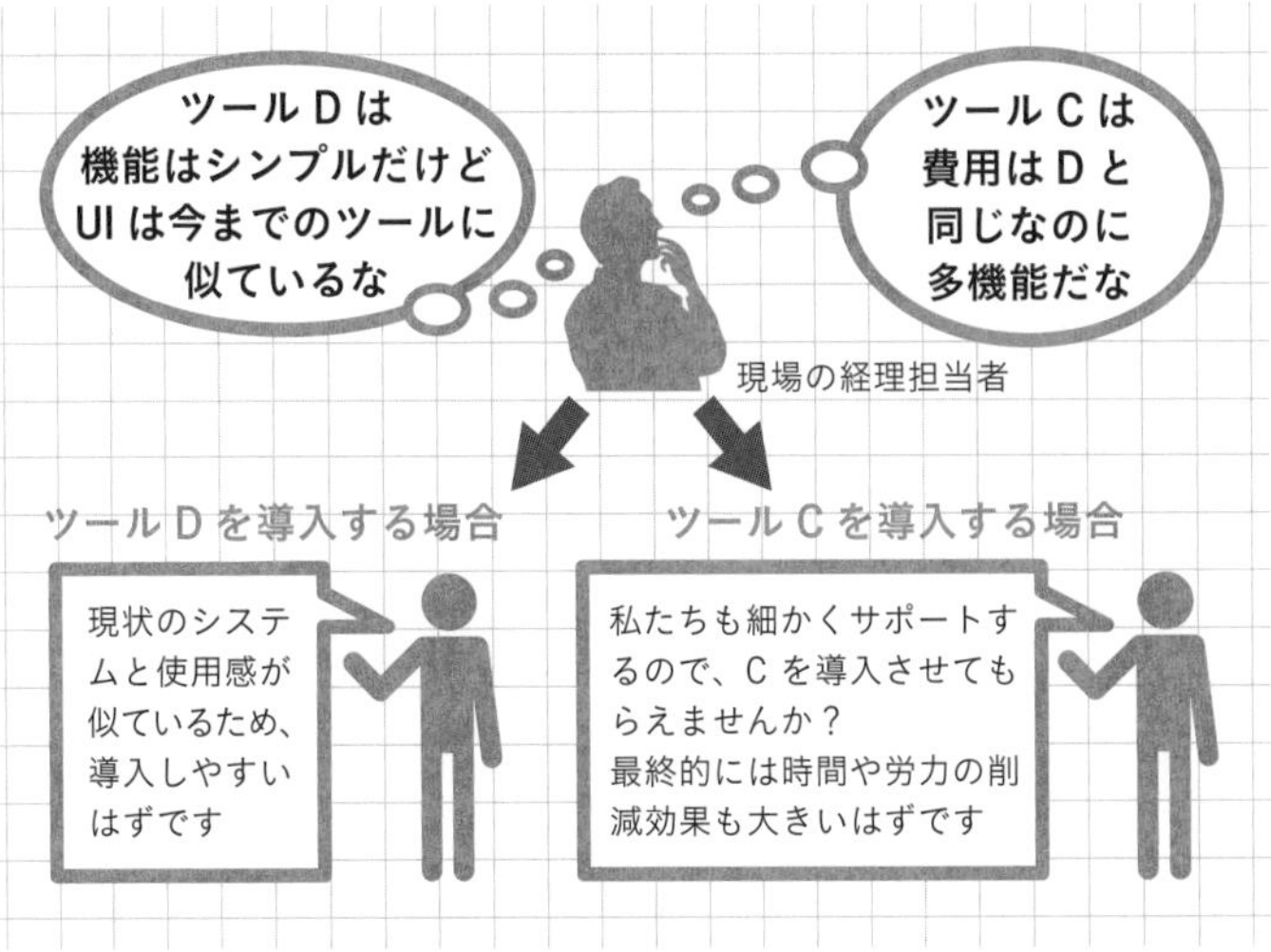
ツールDは
機能はシンプルだけど
UIは今までのツールに
似ているな
ツールCは
費用はDと
同じなのに
多機能だな
現場の経理担当者
ツールDを導入する場合
ツールCを導入する場合
現状のシステムと使用感が似ているため、導入しやすいはずです
私たちも細かくサポートするので、Cを導入させてもらえませんか？
最終的には時間や労力の削減効果も大きいはずです

図表1　現場はどう捉えているかを考える

そうで、導入にも苦労しなさそう」と感じるかもしれません。

そんなときは、ツールDの導入が正解となることもあります。また、ツールCを採用するにせよ、こうした点を踏まえて、

「現状のシステムと使用感が似ている他の候補もありますが、このCを使いこなせれば、できることが広がりますし、最終的に時間や労力の削減効果も大きいはずです。慣れるまで苦労するかもしれませんが、私たちも細かくサポートするので、Cを導入させてもらえませんか？」

などと丁寧に説明し、現場の方々と合意形成する意識が大切なのです。

また、そもそも論で言うと、「多機能・高機能が正義」とは限りません。

ＩＴに詳しい方は、現場の運用イメージを持たずに、多機能であることをよしとする傾向があります。しかし、十徳ナイフを買ったのに、結局、２つか３つの機能しか使わないこともあるように、現場目線で見ると「絶対に使わない機能」もあるものです。

それなら、使う機能だけを持つツールを選ぶなど、あえて機能制限を設けてコンパクトにされたほうが便利かもしれません。実際、私たちの事例では、細かい設定が可能なツールを導入する際に、あえて機能を減らす設定を施すこともあります。絶対に使用しないタブやアイコンで画面を埋めるくらいなら、選択肢を減らすのもひとつの手です。「マウスの移動距離・クリッ

ク回数」という塵《ちり》も、積もり積もればそれなりの時間になります。

ですから、現場目線では、機能の少ないツールのほうが、多機能のツールよりもバックオフィス最適化に相応しいケースもあるのです。たとえば、スポーツマンの夫が店頭で実際に試し、納得して購入したパワフルな掃除機は、専業主婦の妻から見ると、重くて疲れる使いにくい掃除機である可能性もあります。

このような部門の壁、自部署との違いを意識してリサーチや根回しをすれば、現場の理解も得られるでしょう。

「連携」は重要だが、絶対ではない

繰り返し述べているように、近年のＩＴシステムにおいて「データ連携」は超重要ポイントです。ただ、この点を理解して選んだツールを導入した結果、現場の運用に失敗するケースもあるので要注意です。

先ほど述べたように、ある会社のある部署に最もマッチするツールが、多機能・高機能なものとは限りません。それぞれのツールには一長一短があり、Ｅ社の営業部には微妙に映る顧客管理システムが、Ｆ社の営業部にとっては最高のツールかもしれないのです。

データ連携を重視しすぎると、その点を見落とす可能性があります。

たとえば、G社が提供する「顧客管理システム」「勤怠管理システム」「給与計算ソフト」があったとしましょう。言うまでもなく、それぞれのツールはデータ連携しているはずです。そのため、顧客管理と勤怠管理と給与計算を最適化したい会社にとって、〔a〕「すべてG社のサービスにする」のは有力な選択肢の1つです。しかし、現場の運用面においては、〔b〕「G社の顧客管理システム・H社の勤怠管理システム・I社の給与計算ソフト」の組み合わせがベストである場合もあります。

この場合、私たちなら、基本的には〔b〕をクライアントにおすすめします。その理由は、データ連携は〔b〕の組み合わせでも可能だからです。

データ連携のやり方は、次の3つに大きく分けられます。

①CSV連携：連携元のツールから、エクセルやスプレッドシートで編集できるCSVファイルとしてデータを書き出し、内容を整えて連携先のツールで読み込む方法
②API連携：外部のツールのデータを自動で取得し共有する方法
③RPA：ロボティック・プロセス・オートメーション。人がPCを用いて行っていた作業をロボットに処理させる方法

「はじめに」で述べたデータ連携で念頭に置いていたのは②です。CSVのようにデータを書き出したり、その中身を確認したり、連携したいツールでインポート処理する必要もなく、自動的に、あるいはワンクリック程度の動作でデータが同期され、必要な処理が実行されます。

この最も便利な連携が、他社のシステム間でも可能となる動きが加速しているので、先ほどの〔b〕のような組み合わせでも、API連携ができるケースが増えているのです。

また、連携に手作業を要するツールであっても、現場の運用面を重視すると、採用するのが正解となるケースがあります。

人事部が、Jという給与計算ソフトを利用すると、作業時間をこれまでの月8時間から30分に短縮できるとしましょう。しかし、Jは現状、経理部の使う会計ソフトとAPI連携はしていません。そこで経理部は、会計ソフトとAPI連携できるKを導入してほしいと考えていますが、Kの場合は給与計算の作業時間が月2時間となります。

このケースなら、API連携が無理でも、Jの給与計算データを会計ソフトにCSV連携で移す作業を30分でできるなら、合計時間が1時間でJのほうが効率的——とも考えられます（あくまで一例です。実際は効率性以外にも、手作業でミスが生じるリスク等、その他の要素も踏まえて判断しなければいけません）。場合によっては、CSV連携も未対応で、完全に手入力でデータを移す必要がある組み合わせでも、「導入したほうがいい」と判断するツールもあります〈図表2〉。

このように、データ連携は非常に重要ながら、それだけを理由にツールを選ぶのが正解とは言えないのです。

また、API連携をしていなくても、その他の手段によってある程度効率的に連携させることは可能です。ITに詳しい専門家なら、API連携のないツール同士でも、手数が少なくミスも起こりにくい連携方法を、何かしらの手段で確立できる可能性は高いです。

ですから、データ連携は本当に大切な要素ですが、「どう組み合わせるか」は、実はそこまで気にする必要はなかったりします。

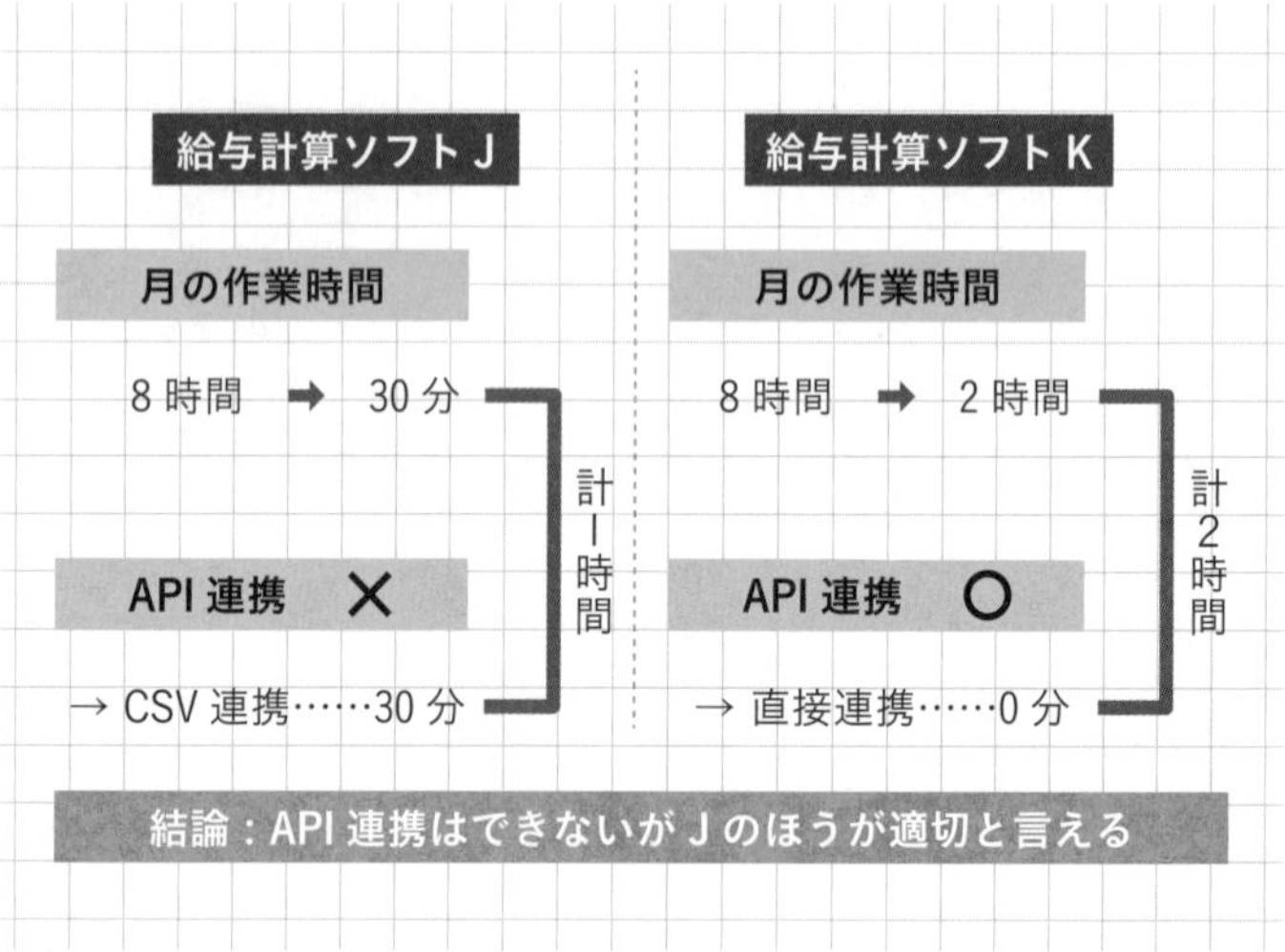

図表2 手作業ありでも「正解」のケース

それよりも、現場の業務最適化を重視してツールを選び、「各部署のツールが連携して、こんな風にできればいい」というビジョンをしっかりと持つことのほうが重要です。そのビジョンさえあれば、連携方法はどうにか導き出せる可能性が高いからです。

順番としては、「各部署の作業の最適化」を現場目線で考えてツールを選び、その後、それぞれのツールがAPI連携していない場合は、連携方法を検討するとよいでしょう。連携方法が見出せず、別のツールを検討することになることもあると思いますが、この順番を常に意識できていれば、前項までに述べた内容もカバーできるので、よりスムーズなIT導入を実現できるはずです。

とはいえ、これはかなり専門的な領域です。情シス部門がない中小企業も少なくありませんが、その場合はきちんとした知識を持った専門家のサポートを得ることをおすすめします。

4 「会計」から逆算するとうまくいく

前項で、各部署の作業の最適化について「現場目線で考えてツールを選び、その後、データ連携について考えるとよい」と述べました。

ここで、もうひとつ意識したい順番があります。それが「現場の各部署」の順番です。

それぞれの部署で同時多発的にツールを選ぶのではなく、一つひとつ考えていけば、後で連携方法に頭を悩まされることもなく、現場の運用面と連携面の両方を天秤にかけて検討することができます。

この章の第2項でも触れた「ＩＴ導入の設計図」を考える上で、最も重要なポイントがこの「順番」であると言っても過言ではありません。

では、どこから考えればいいのか？

その答えが、「会計」です。

なぜなら、**従業員の業務フローを考えても、顧客取引の業務フローを考えても、必ず最後は会計に行き着くから**です。たとえば前者なら、①採用（採用管理システム）↓②勤怠管理（勤怠管理システム）↓③給与計算（給与計算ソフト）↓④会計（会計ソフト）、という順番です〈図表3〉。

つまり、①採用したい人材の情報を管理する↓②入社したら勤務時間等を管理する↓③1カ月の勤務時間が出たら給与計算をする↓④給料の支払い等の経理処理をする――という流れで、必ず最後は会計処理をすることになります。他にも、出張等における経費の立て替えがあれば経費精算が発生します。その情報も会計処理しなければいけません。

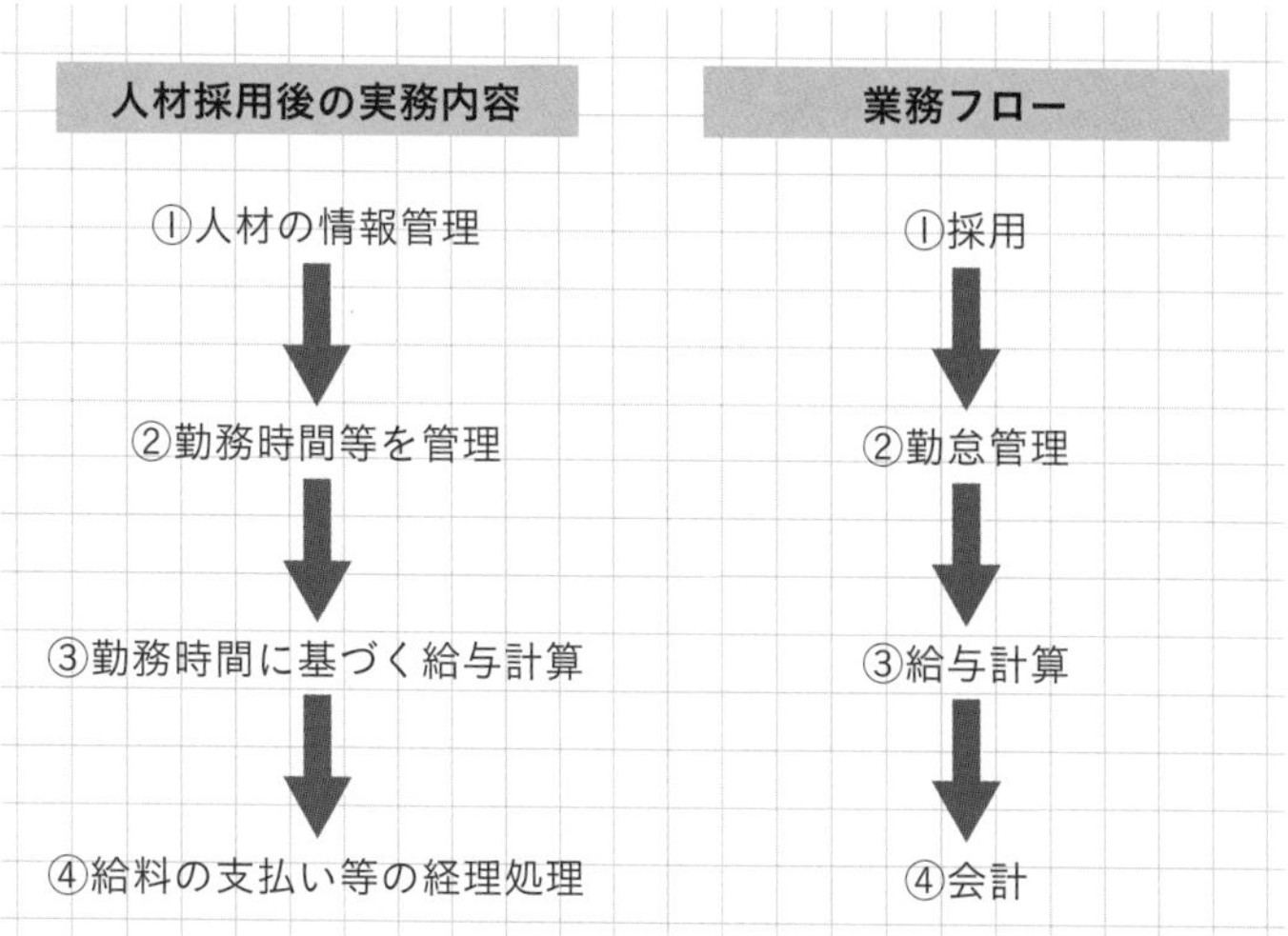

図表3　業務フローと採用後の実務

私たちがバックオフィス最適化のマップを考える場合も、「会計ソフトにどうやってデータを落とし込むか」をまず考えます。これが明確になれば、業務フローを遡りながら、各セクションの現場に合ったツールと、その運用法を検討しつつ、クライアントに相応しい最適化の方法論を組み立てられます。

最終的にデータが行き着く「会計ソフト」の重要性

すべてのデータがつながって、最後に行き着く場所となる「会計ソフト」のチョイスも重要です。

会計でソフトウェアを利用しない企業はまずないため、新規導入ではなく入れ替えをする手間はどうしても発生しますが、肝心要の会計ソフトが古いと、データ連携などで問題が発生し、最適化の障壁となりかねません。

ですから、**IT導入に本格的に踏み切るなら、必要に応じて「会計ソフトの変更」も視野に入れておく必要があります**（もちろん、絶対に変えなければいけないわけではありません）。

基本的に会計ソフトは、最新のクラウドサービスの利用をおすすめします。

クラウドベースの会計ソフトならインストールが不要で、アップデートも適宜ソフト側で実行されます。ＡＰＩ連携できるＩＴサービスも今後さらに増えていくでしょう。現在、業務用の多くのパッケージソフトは、テクノロジーの進歩や法改正を受けて都度バージョンアップしており、法制度に合わせるためには、買い直すかアップデート料金を支払う必要があります。そうした点や最新のクラウドサービスの機能性を踏まえると、毎月発生する利用料金も、個人的には割安ではないかと感じるほどです。

そして、**「データ連携の恩恵」を最も強く実感できるのが会計ソフト**なのです。

クラウド会計ソフトは、銀行口座やクレジットカードと自動で連携できるので、銀行振込や引き落とし、クレジットカードによる備品購入等の取引が自動的に経理処理されます。

さらに、顧客との取引を会計から逆算すると、その前には見積もり・請求などの販売管理があります。この販売管理もＩＴ化し、会計ソフトと連携すれば、請求書を出すタイミングで売上に関する経理処理を自動化できます。小売店なら、会計ソフトと連携可能なＰＯＳレジを導入すれば、同じように売上と入金の経理処理も自動化できます。

このように、お金の出入りの大部分をリアルタイムで経理処理できるため、経営における会計ソフトの重要性が大きく変化しています。

かつては、会計ソフト上で、信憑性の高い数字の財務諸表を確認するには、月次などのタイミングで締め処理を行う必要がありました。その数字も重要なデータながら、どちらかと言えば、確定申告のための作業・ソフトといった側面が強かったように思います。

しかし、クラウド会計ソフトで周辺業務とデータ連携できていれば、月末などに特別な作業をせずとも、かなりタイムリーな数字の財務諸表を見られます。この変化によって、経営判断の材料としての価値が非常に大きくなっているのです。


また、現場レベルでの最適化効果も非常に大きなものがあります。

多くの記帳を自動で処理できる上に、請求書を出した案件の売掛金・未収金が入金されているかを確認する消込作業も、販売管理システムを導入すれば見積書・請求書・入金が紐づけられ、チェックが簡単かつ、正確にできるようになります。自社の買掛金等の支払い作業も見落とすリスクを減らすことができます。

他にも、経費精算システムを導入すれば、手間とミスの多い作業をクラウド上で完結できます。会計ソフトが連携していれば、経費精算システム上で処理したデータは、会計ソフトに入力する必要もありません。

現場目線では、特にこの経費精算は申請者や経理部の時間を大幅かつムダに奪っていると感じます。経費精算システムを導入した企業は、みなさんその効果の大きさを実感されます。

しかし、単なる「効率化」ならそれだけで実現していますが、「バックオフィスの最適化」と考えると、経費精算システムと会計ソフトがデータ連携する必要があります。そこで、経費精算システムの導入後に、「会計ソフトと連携していない……」とならないように、会計から考えて逆算するのです。

ポイントは、「会計ソフトから、どこまでシームレスにつながれるか」。この点を押さえておけば、IT導入の成功率は大幅にアップします。

ちなみに、実際に会計ソフトを変更する場合、一般的には期をまたぐタイミングになります。大体、数カ月前から準備を始めて、期替わりのタイミングで完全に新ソフトに移行することになるでしょう。

■ ここもチェック！

IT 導入の中でも、会計ソフトの変更はそれなりに労力が必要になります。そのため、会計から入らずに、現場の反発が少なそうな部分、たとえば経費精算や販売管理などから新システムの導入を進める順番で着手することもあります。そうして、社内で「最新の IT ツールの威力」をある程度実感してもらってから、会計ソフトに進みます。

ただし、そのような場合でも、ツール選びは会計からの逆算で進めます。使い勝手だけでなく、会計ソフトとの API 連携の有無、対応ソフトのリスト等もチェックした上で、他セクションのツールを検討してください。

5 重要な2つの軸――「従業員」の軸と「顧客」の軸

会計から逆算する、という考え方をお伝えしましたが、会計から遡るためにも、先述のように「社内の業務フロー」を可視化する必要があります。

前項で、従業員の業務フローとして、①採用→②勤怠管理→③給与計算→④会計、と特に断りもなく書きました。しかし、私たちがクライアントに**「御社の業務フローは、どのようになっていますか?」**と質問すると、**具体的なイメージがなかったり、そのために各セクションの関係性が希薄で、きちんとしたつながりを持てていなかったりするケースが多くみられます。**もしも業務フローが可視化できていない場合は、そのチェックから始めましょう。

重要な2つの軸①「従業員」の軸

業務フローを考える上で重要になるのが、先ほども触れた「従業員」と「顧客」という2つの軸です。詳しくは第2章と第3章で解説しますが、概要を簡単に説明します。

まず、従業員軸から見ていきます〈図表4〉。

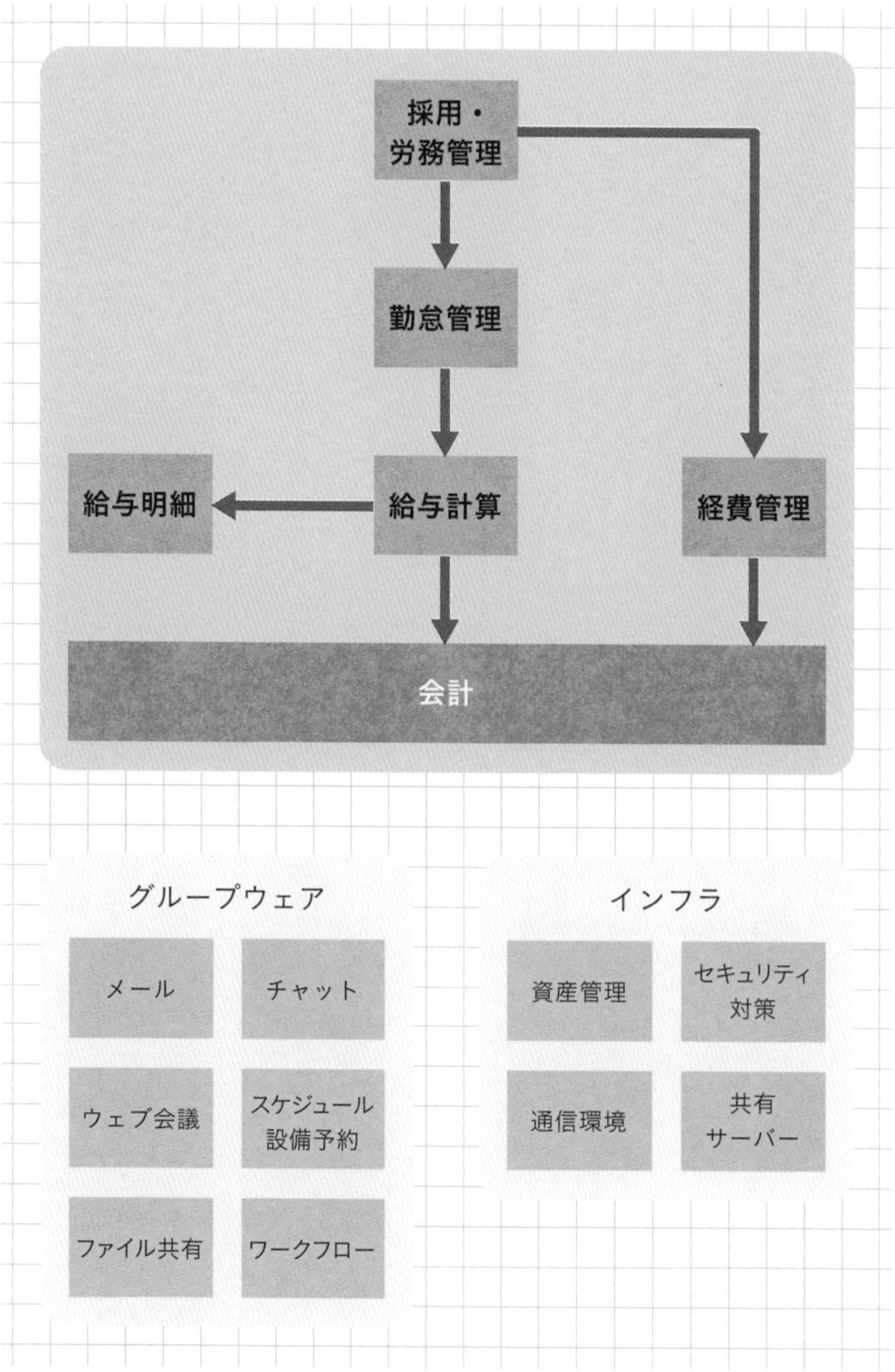
採用・
労務管理
勤怠管理
給与明細
給与計算
経費管理
会計
グループウェア
メール
チャット
ウェブ会議
スケジュール
設備予約
ファイル共有
ワークフロー
インフラ
資産管理
セキュリティ
対策
通信環境
共有
サーバー

図表4 従業員の軸

従業員の会社への入口は採用です。この図では「採用・労務管理」「勤怠管理」「経費管理」としていますが、そもそも「管理」と言えるほどの対策がない企業もあります。

ちなみに、採用を行っていない企業など、わざわざ管理をしたり、ＩＴ導入をしたりする必要がない場合も考えられますが、管理の有無・必要性はともかく、業務フローの可視化は全体的に実施します。その上で、会計から遡って、「この業務にはどんなツールが合うだろうか」と最適化の方法を検討してください。結果として、「ＩＴ導入はいらない」と判断されるセクションはあるかもしれません。

ここで同時に考えたいのが、グループウェアやインフラの運用です。

グループウェアは、チャットやウェブ会議、スケジュール管理、クラウドサーバーなど、企業内のさまざまな業務効率をアップするためのツールです。非常に多機能なものから、チャットとウェブ会議のみのものなど、さまざまなサービスがあります。

また近ごろは、グループウェアは導入していないけれど、各部署でめいめいチャットツールを活用する企業が増えています。ＩＴ活用に積極的でない企業も、チャットに関してはLINEなどによって、個人レベルで便利さを実感しているからでしょう。

ただ、そのような工夫自体は良いことですが、営業部は個人の「LINE」、総務部は「Chatwork

（チャットワーク）」、開発部は「Slack（スラック）」など、バラバラのツールを使うケースがよくあります。そのような運用は「部門の壁」を越えたやり取りを阻害するのでよくありません。

ですから、新たにG Suiteのようなグループウェアを導入する場合、最初にこのようなバラバラな運用が行われていないかをチェックします。バラバラの運用が見つかったら、共通のツールを使用するように周知し、現場の理解を得るようにしましょう。

ちなみに、グループウェアは多機能でそれぞれに一長一短があるので、たとえばG Suiteを導入したからといって、全機能を利用する必要はありません。大切なのは、「社内で共通のツールを使うこと」です。G Suiteはチャットやウェブ会議もできますが、チャットはChatwork、ウェブ会議は「Zoom」といった使い分けもOKです。

そして、IT活用のために、インフラの整備が必要になる企業もあります。

IT導入の「失敗あるある」として、最新ツールを活用したい思いはあっても、それを走らせるインフラに対する意識が抜け落ちているケースがあります。たとえば次のような点です。

- **新しいPCなら1秒もかからない処理なのに、PCが古いせいで最新ツールが重く待ち時間が発生（そもそもOSやブラウザが対応していないことも）**

・ウインドウズアップデートがある日の始業後は、全員でPCを立ち上げるとアップデートの終了に1時間かかる、インターネット回線が貧弱な企業がクラウドサービスを導入し、通信速度の遅さに苦しむ

こういった悲劇が、今も日本中で起きています。

こんな環境でIT活用を実現するには、インフラの整備から着手する必要があります。

重要な2つの軸②「顧客」の軸

続いては顧客軸です〈図表5〉。

お客様視点で、どんな営業活動をして、最終的に対価を得て会計までたどり着くのか。こちらは、従業員軸に比べると「お客様と接点を持って、売上が立つまで」の流れはわかりやすいので、業務フローを認識できている企業が多数派です。

ただし、図にあるような「名刺管理」や「営業管理」をそもそもしていないケースが少なくありません。

そして、従業員軸については、わざわざ管理をしたり、IT導入をしたりする必要がない場

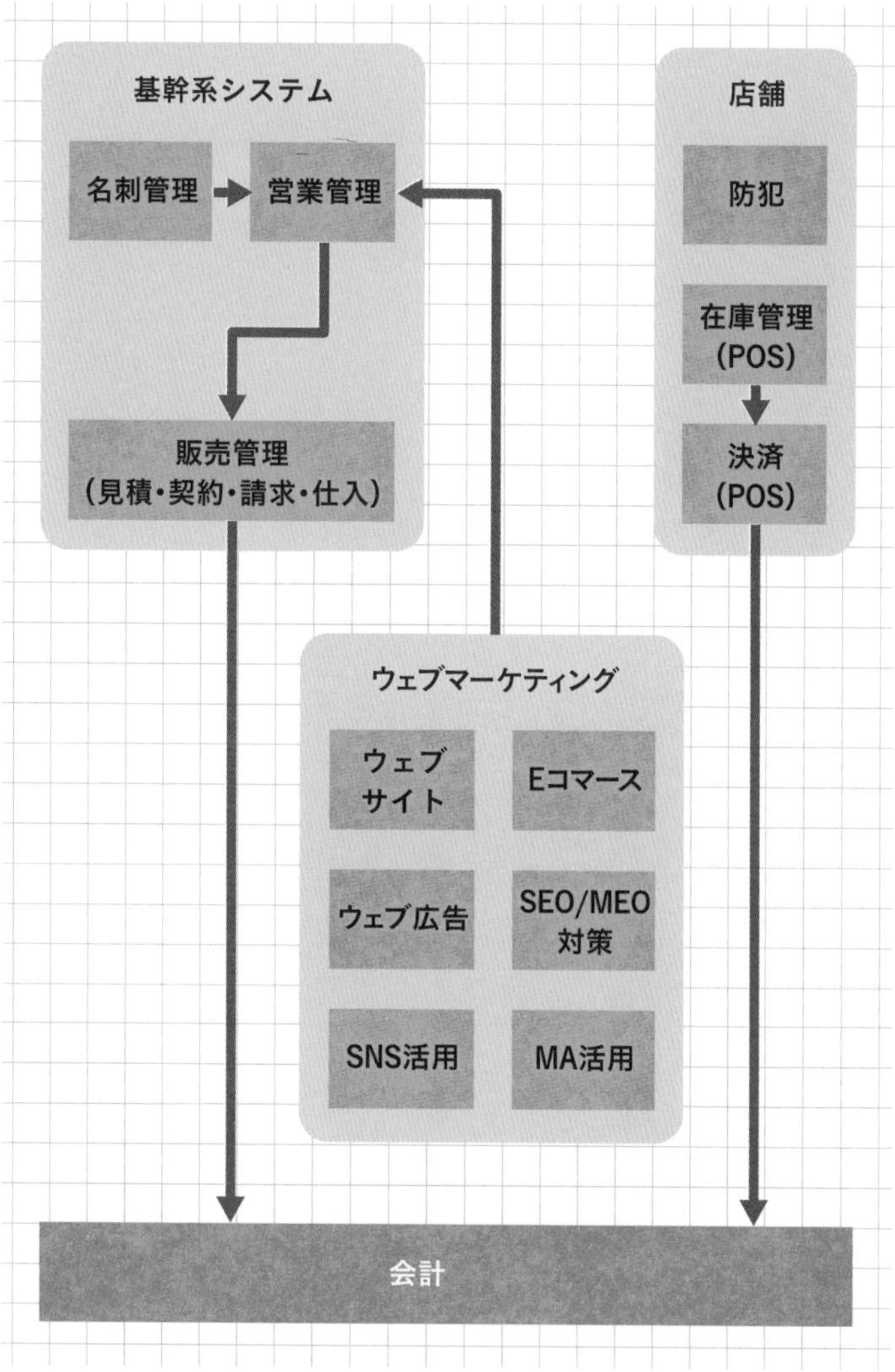
基幹系システム
名刺管理
営業管理
販売管理
（見積・契約・請求・仕入）
店舗
防犯
在庫管理
（POS）
決済
（POS）
ウェブマーケティング
ウェブ
サイト
Eコマース
ウェブ広告
SEO/MEO
対策
SNS活用
MA活用
会計

図表5　顧客の軸

合も考えられると先述しましたが、名刺管理や営業管理をできていないのは大きな問題です。詳細は後述するとして、結論を先に言ってしまいましょう。

バックオフィス最適化による売上アップの最大のポイントは、「営業管理やウェブマーケティングを行い、その効果を最大化できるように努めること」なのです。最低限の管理やマーケティングは行っている企業であっても、最新のツールを活用すれば、その効果は大きくアップします。組織立った管理をしていない企業ならなおさらです。

それでは、まずは次章にて、従業員軸によるＩＴ活用のポイントを見ていきましょう。

第2章

「従業員」の軸で見直す

1 「従業員」軸の全体像はこうなっている

前章で、IT導入を考える上で重要な2つの軸として「従業員」の軸と「顧客」の軸があることを説明しました。この章では、「従業員」軸の業務フローと、各セクションにおけるIT活用について解説していきます。

まずは、先ほどもお見せした図表4の各項目の概要を見ていきます。その後、具体的なIT活用法などを、再度項目ごとに解説しますが、本項を読んで「自社には関係ないな」と思う項目は読み飛ばしていただいても問題ありません。なぜなら、そもそも採用活動をしていない企業もあるからです。

また、まずはご自身の気になる項目を読み、その後、他に気になるところを見ていく……といった読み進め方でも問題ありません（実際にIT導入をするときは、常に「会計からの逆算」を意識しましょう）。

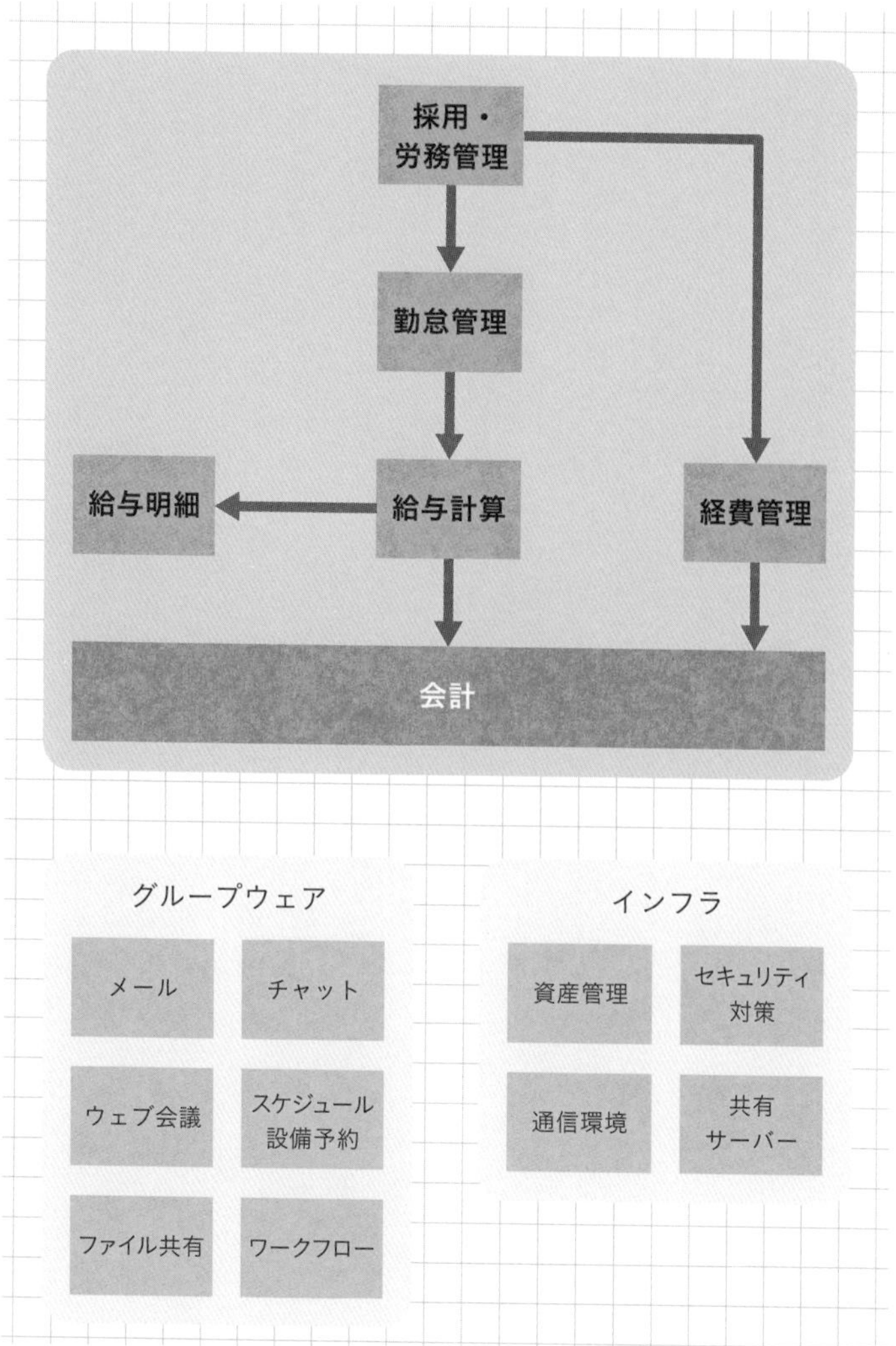
採用・
労務管理
勤怠管理
給与明細
給与計算
経費管理
会計
グループウェア
メール
チャット
ウェブ会議
スケジュール
設備予約
ファイル共有
ワークフロー
インフラ
資産管理
セキュリティ
対策
通信環境
共有
サーバー

図表4 従業員の軸（再掲）

採用管理・労務管理

採用管理はその名の通り人材採用についての管理で、労務管理は入社した社員やアルバイトの管理です。採用管理と労務管理で扱うデータは、多くの場合共通するものになります。効率化するには、両方に着手するほうがよいので、この2つはセットで考えてください（採用活動をしていない企業は除く）。

アナログ作業の多い企業の場合、まず採用時に、応募者の履歴書をそのまま保管したり、エクセルに手入力したデータを作成したりするなどして管理するのが一般的です。

社員やアルバイトとして入社する方が決まったら、労務担当者が改めてデータを登録します。履歴書の保管場所を移し、データで管理している企業は、履歴書を見ながらエクセルのフォーマットに手入力します。

これは、典型的な「部門の壁」によるムダな作業です。採用の段階で作成したファイルを、そのまま社員・アルバイト用としても使える体裁にして、CSV連携でデータを受け渡しすれば、最新のITツールを用いずとも、省力化と入力ミスの防止は実現可能です。

このように、既存の環境やソフトで実現できる省力化・効率化もたくさんありますので、そのためにも、経営者やIT導入の担当者が、現場の業務フローを理解・把握することが大切なのです。

勤怠管理

勤怠管理は、従業員の出勤時間・退勤時間・休憩時間を記録し、遅刻や欠勤、有給の消化なども含めて把握することです。

かつて勤怠管理の主目的は、従業員の基本給や残業代の算出でした。しかし、働き方改革による労働基準法等の改正によって、勤怠管理を正確に行い、なおかつ効率化することはすべての企業にとって必須となっています。多くの中小企業にIT導入が求められているセクションです。

また、給与計算の正確化・効率化にも多大な影響があるため、システム化による恩恵が特に大きいセクションです。

給与計算（および給与明細）

勤怠管理のデータを元に、従業員の1カ月分の報酬を計算します。多くの場合、給与計算をした後に、給与明細を作成する作業が付随します。

そもそも、勤怠管理がしっかりできていない企業は、給与計算の正確な根拠がない、と言っても過言ではありません。そして、そんな企業も実はそれなりに多いのですが、これも働き方改革によって認められない行為になります。

この給与計算も、非常にムダが多いセクションです。

最低限、出勤簿やタイムカードで勤怠管理をしている企業であっても、出勤簿に記載、あるいはタイムカードに打刻されたデータを元に、給与額を計算する作業が必要になります。給与明細も、そうやって計算した給与額を、明細のフォーマットにコピー＆ペーストして発行するのが一般的です。

これらの作業は、勤怠管理と給与計算をデータ連携可能なＩＴツールで管理すれば、勤怠管理システムに打刻された出退勤時刻のデータから自動的に給与計算ができます。給与明細もシステム上で発行できるので、大幅な省力化・効率化が実現できます。

また、給与額を間違ってしまうと大変なので、手作業でデータを入力している現場は、何度かチェックをしながら作業するのが一般的ですが、そのような確認も不要になります。

経費管理

すでに述べたように、出張時などの経費精算をシステム化すれば、大きな効率化が実現できます。

そして、もうひとつ重要なポイントがあります。

実は経費精算は、入力の手間といった間接コストを生むだけではなく、売上にも影響を及ぼしていています。領収書と申請書を経理に手渡しで行っている企業は、経費精算のために社内で作業する時間が必要になります。経費精算をする機会が多いのは外回りの仕事が多い人なので、営業部のエースが経費精算のためだけに社内で作業する――といったケースが日常的に発生しています。その分外回りの用事が制限されるので、売上の減少に直接つながっているのです。

一方、経費精算の申請を受ける経理サイドも、効率化できる作業だらけです。書類と領収書を突き合わせて、目視&手作業でデータを入力する必要がありますし、そもそも申請に不備があることも多いです。不備があったら、申請者に連絡を取り、問題点を指摘し、書類を返却する手間がさらに発生。申請者も再び書類のファイルを作成しなければいけません。そしてプリントして再提出、経理担当者はその書類をチェックして……。

経費精算システムを利用すれば、このような作業も大幅に削減できます。

会計

他の部分でも会計の重要性は繰り返し強調していますので、ここでは一言でまとめますが、採用から始まる従業員軸の流れは、その活動により発生する給与・使用経費のデータを処理する会計に集約されます。だからこそすべてを会計から考えることが重要なのです。

グループウェア・インフラ

グループウェアやインフラは、それぞれの項目を最適化するシステムではなく、企業活動のさまざまな局面に関係するものです。

逆に言えば、自社の環境に合ったITツールを選んで導入しても、グループウェアの活用やインフラの整備がイマイチでは、バックオフィス最適化は叶いません。

バックオフィス最適化の方法論を式にすると、「どんなシステム（x）」を「どんな環境（y）」で運用するか、という掛け算になります。そのため、xが大きな数値でも、yが小さければ相殺されてしまいます。

2 その採用、かけたコストに見合っていますか？——採用管理

ここからは、個々の項目について、よくある悩みや課題、それをＩＴによってどのように解決できるのか——といった点を解説します。

まずは、アナログな採用活動に多い問題点について見ていきましょう。

問題点① 採用の人的リソース・人的コストが多くかかっている
問題点② 応募者への対応スピードや歩留まり率が上がらない
問題点③ 応募者情報の管理・共有が適切に行えていない

ＩＴ活用に着手していない企業の多くが、このような悩みを抱えています。①から順番に説明します。

採用は、単に求人を出して終わりではなく、応募者の情報・書類等の管理、スケジューリン

グ、内定者の研修、求人媒体との打ち合わせ等々、さまざまなタスクが発生します。

さらに、大手企業なら人事部等が専門で行うタスクですが、中小企業は専門の採用担当者が不在のケースも多く、並行してやるべき本業への負担も大きなものがあります。

売り手市場の場合、採用にはスピーディーな対応が必要です。特に中小企業は、内定後であっても、こまめな連絡をできずにいると、心が離れて内定辞退をされてしまい、歩留まり率（内定者が入社する率）がなかなか上がらない悩みを抱えています。

そして、③のように応募者情報の管理・共有に問題があると、さまざまな問題が発生してしまいます。

たとえば、どの応募者が現在どの段階にあるのか、それぞれの応募者に対して、次にやるべきことは何なのか——といった情報がわからなくなってしまいます。これが、応募者への対応スピードを下げる理由でもあります。

②と③に共通する問題ですが、**よくあるのは「管理はしているものの、その情報は担当者の頭の中」というパターン**です。こうした状態だと、複数の担当者がいる場合や、引き継ぎが必要な場合の情報共有に手間がかかりますし、正確な情報共有にも不安があります。

また、個人情報のかたまりと言える「履歴書の管理」がおざなりになるケースも非常に多くみられます。

それでは、ＩＴによって、これらの問題をどのように解決できるのかを見ていきましょう。

①「採用の人的リソース・人的コストが多くかかっている」の解決方法

採用管理にＩＴを活用すると、大きな省力化が期待できます。一例を挙げるなら、採用管理システム「HRMOS（ハーモス）採用」は、実際に同サービスを導入した企業の実感値をベースに、日々の採用業務工数を75％削減できると試算しています。我々のような外部の専門家の目から見ても、大袈裟な数字とは感じません。

採用管理システムの大きな利点は、システム上にすべての情報を集約できることです。応募者や、人材紹介サービス・就職情報サイトなどの担当者とのやりとりもシステム上で完結できます。

近年は、リクナビやマイナビ、Indeed、自社サイト等々、採用チャンネルは多岐にわたります。それら各サービスに一つひとつアクセスして情報確認・連絡をする手間が減る上に、応募者との面接等の日程調整も一元化できるため、スケジューリングのミスも減ります。

②「応募者への対応スピードや歩留まり率が上がらない」の解決方法

ＩＴ活用による省力化で、業務全体のスピードが劇的に上がります。応募者とのやり取りがスピーディーになれば機会損失も抑えられます。

これは内定辞退に限った話ではありません。アルバイトを採用したい企業にとってもスピードは重要課題です。時給や日給で働く方は、待たされる分だけダイレクトに収入が減るので、社員以上に連絡の早さが採用率に直結します。

画面の見せ方はサービスによってさまざまですが、基本的にはどの採用管理システムも、応募者ごとに、「今どの段階にあるのか」「これまでのコミュニケーション履歴」「次にやるべきタスク」といった情報が画面上で簡単にわかります。

そのため、「○○さんへの連絡が2日空いているから、早く次のフェーズに進めないと」といった点に気づきやすく、スピードアップに加え、より丁寧なやり取りが可能となり、コミュニケーションの質が全面的に向上します。連絡の間が空くのも問題ですが、それ以前に連絡の必要があること自体を忘れるケースもあるので、この効果は大きいです。

③「応募者情報の管理・共有が適切に行えていない」の解決方法

採用管理システムを導入すると、社員同士で情報を共有できます。複数の担当者がいて、自分以外の同僚が進めるタスクがあっても、その進捗をシステム上で確認できるので、情報共有も簡単かつ正確になります。

加えて、この機会に強く意識していただきたいのが、個人情報の管理です。

問題点③の「応募者情報の管理」には2つの側面があります。

1つは、社内で応募者の情報に効率よくアクセスできるようにして、ムダな作業を減らすための管理です。これは、採用管理システムの導入で基本的には解決できます。

そしてもう1つが、応募者の個人情報の管理です。

先述したように、滅多に採用をしない企業の場合、採用管理自体をする必要がなく、

問題点	解決後
採用の人的リソース・人的コスト	情報が一元化され、工数やミスが削減される
応募者への対応スピード	応募者のフェーズの共有により、効率的になる
応募者情報の管理・共有	データ化され進捗共有が容易になる

図表6 採用管理システムを導入すると……

システム化も不要かもしれませんが、そのような企業でも、履歴書をただ保管しておくだけ、といった管理はおすすめできません。この時代に、個人情報に対する意識が低い企業は、それだけで問題があると言えます。先日、喫茶店で、履歴書の入ったファイルが、私に読める形で隣のテーブルに置かれていたことがありましたが、このような取り扱いは危険です。

採用管理システムを使えば、各チャンネルで入力された個人情報が、そのままシステム上に記録されます。システム化が不要な企業も、最低限履歴書の情報はスキャンしてPDFにする、エクセルに入力してパスワード付きのファイルで保存する――といった方法で、担当者以外は簡単にアクセスできない状態にすることをおすすめします。その上で、履歴書そのものは返却するか、シュレッダーにかけて処分しましょう。もしくは、そもそも履歴書をメール等でもらうというのもひとつの手段です。

さらに、もうひとつお伝えしたいのが、採用管理の最適化は、売上アップにつながる「攻めの施策」でもあるという点です。ＩＴ活用は、省力化や効率化を実現し、ムダなコストを削減します。ただ、採用管理の本質は、その先にあります。

人事担当者は、採用のための広報活動や、面接等の日程調整に忙殺され、ただ「人を採用するための業務」に追われがちです。人事部等の専門部署のない企業ならなおさらです。

しかし、本来の人事業務とは、社内の情報を把握して、広く人材を管理し、社員の成長やモチベーションの維持にコミットすることであるはずです。

採用業務はあくまでもその一環で、採用にしても、本来は単なる「人を採用するための業務」だけでなく、より自社に合った人材、魅力的な人材に出会うための施策を考えたり、採用後の教育を充実させる業務に時間を割くのが理想です。

逆に言えば、**ＩＴ活用によってムダな作業を減らせば、そのような採用以外の人材管理に注力する余裕が生まれるかもしれない**のです。

また、そんな人事業務を可能にする環境づくりが、採用そのものにもプラスになります。

あまりの売り手市場に、「採用できれば文句はない」と割り切る中小企業の経営者も少なくありませんが、そんな社会情勢であるからこそ、ＩＴ活用を推進して、ムダな作業の少ない企業であること、教育やモチベーション維持に対する意識も高い企業だとアピールできれば、優秀な若者にもリーチできるかもしれません。

このような観点からも、採用管理システムの利用の是非はともかく、第1章でたびたび触れたように、まずは現場を把握することが大切です。自社の採用プロセスを可視化・分析して、減らせるムダな作業は減らし、個人情報が履歴書の完全なアナログ管理だったら、採用管理システムは使わずとも、最低限のデータ化は行ってください。

サービス紹介

HRMOS採用

株式会社ビズリーチが提供するクラウドサービスです。情報の一元化、分析可能なデータの見える化、情報の管理を安全に、共有を簡単にする——といった、本項で触れた採用活動の問題を過不足なく解消できるツールです。

HERP Hire

近年、現場のニーズとのミスマッチから起こる退職を防ぐために、採用活動に人事担当者以外のメンバーを積極的に参加させる企業が増えています。

この「HERP Hire（ハープ・ハイアー）」は、基本的な機能はしっかり押さえた上で、すべての採用業務を採用担当者が担うのではなく、現場の社員が採用に積極的に参加する「スクラム採用」をサポートする機能を多く備えたツールです。

エントリーポケット

マイナビバイトが提供する、アルバイトやパート向けの採用管理システムです。マイナビバイトだけでなく、その他の求人媒体や、自社採用サイトからの応募情報も一元管理できます。

採用管理システムの注目機能

さまざまな機能があり、使い勝手も人それぞれのＩＴツール選びにおいて、現場を知らずに「これ」と1つおすすめするのは難しいです。基本的には、資料請求等も行っていろいろなツールを試していただきたいのですが、それだけでは芸がないので、選ぶ際の参考になる注目機能をピックアップします。とはいえ、その機能がない採用管理システムが、御社にとって最適なツールである可能性もあります（他の項目でも言えることです）。その点はご承知おきください。

採用管理システムで注目したいのは、ＳＥＯ対策等も施された、自社サイトの採用ページ作成をサポートする機能です。

すべての採用管理システムに備わっているわけではありませんが、この機能を活用すれば、母集団形成の効果も期待できます。さらに、同様の機能を持つシステムの多くは、Indeedなどの媒体に自社の求人情報を出せる連携機能を持っています。イチからIndeed上で情報を登録する必要がなく、システム上で登録した情報を援用できます。

Indeedは無料で出稿できる点で話題になっていますが、そのために必要な条件があります。それを自前でクリアするよりも、採用管理システムを使うほうが効果的と考えて、サイト作成機能や、連携媒体への掲載を目的にＩＴ導入をする企業も増えています。

コラム

システム化で採用活動を「再現・改善可能な財産」とする

中小企業でよく見られる問題点として、「採用活動が毎年ゼロベースから始まる」ことが挙げられます。

専門の担当者がおらず、採用活動がシステム化されていないので、業務の多くが担当者の頭の中の情報をもとに進められます。そのため、前年の採用活動を振り返り、ＰＤＣＡサイクルを回して採用活動を改善し、質を高めるベースとなるデータが、そもそも残っていないケースが多いのです。

このような状況では、毎年採用活動を始める前にさまざまな混乱が起き、ムダな時間が浪費されてしまいます。最低でも、過去の採用活動を振り返ることができるデータを、エクセルなどに記録・管理することを意識すべきだと思います。もちろん、採用管理システムを利用できるなら、それに越したことはありません。

ちなみに、改善という観点でも、採用管理システムには大きな効果があります。

応募者へのアプローチ履歴が記録されるので、「採用率を上げるために、もっとこうすればよかったのでは？」「こまめにコンタクトしていれば内定辞退にならなかったかも……」といった検証が容易になり、媒体ごとの応募者数や採用率も確認できるため、「媒体Aは効果が上がらないので出稿をやめて、BとCに注力しよう」といった経営判断も可能となります。

採用管理システムの月額利用料は数万円からが一般的で安価とは言えません。しかし、採用活動にかかる費用はそれ以上に高額です。従業員のムダを減らして人件費の節約につながる上に、宣伝広告費の適正化、採用活動自体の質の向上も期待できると考えれば、費用対効果は十分です。

3 更新や業務フロー変更も多いのに、まだ紙でやります?
――労務管理

広義の「労務管理」には後述の勤怠管理や給与計算も含まれますが、これらは効率化ツールも多く、すでにIT化が済んでいる企業もそれなりにあります。しかし、その他の、

・入退社に関する手続き(雇用契約書の作成・締結、社会保険等の加入に必要な書類の作成・提出、退社時は社会保険の喪失を届け出る書類の作成・提出など)
・従業員の情報の管理・変更(住所や扶養家族の追加・変更、マイナンバーの管理など)
・年末調整に関係する書類の作成・提出

などの業務は、その限りではありませんでした。しかし近年、ようやくこれらの業務もカバーするサービスが増えてきています。本書では、これらの業務や、その最適化に役立つツールを「労務管理」「労務管理システム」と呼びます。それでは、よくある問題点を見てみましょう。

問題点① エクセルや紙での書類作成や関係機関への申請に時間がかかる
問題点② 従業員情報・マイナンバーの管理が難しい
問題点③ 労務経験が不足しており、適切に対応できているかがわからない

①はすべてのアナログ作業に共通する悩みですが、帳簿への情報記入や、書類作成に時間をとられる上に、書類を用いる手作業はミスも多く、チェックにも気を使います。

社会保険や雇用保険などに加入する場合、健康保険・厚生年金保険の新規適用届や、雇用保険被保険者資格取得届といったさまざまな書類を、管轄の年金事務所やハローワークに提出する必要があります。

②も採用管理と同様に、必要な情報にアクセスしやすくする、利用する立場としての管理と、従業員の個人情報を守る立場としての管理の2種類があります。

しかし、書類等をただ棚に保管するだけ、エクセルでファイル化するだけ、といった対処では、情報のアクセシビリティも、セキュリティレベルも低いと言わざるを得ません。特に近年の企業は、将来的により多くの個人情報に紐づけられると予想されるマイナンバーを従業員から預かる立場です。この取り扱いが雑だと、今は大丈夫でもいつか問題になる可能性が高いと

考えます。私たちが現場で見る限り、すでに不安を感じている従業員の方もおられます。

労務管理は、社会保険労務士という士業があるほどレベルの高い仕事です。税理士や公認会計士が存在する会計のように、必要な手続きや書類は数多く、それらへの対応に求められる法律等の知識レベルも高いです。

しかし、中小企業の場合は、社会保険労務士の有資格者どころか、それにまつわる勉強をしたことがない人事担当者が、資料を見て、先輩に教えられ、どうにか仕事を覚えていく――といった環境が一般的なので、どうしても③のような悩みから逃れられません。法律的に厳密な正解を知らないまま、「結果としてはＯＫとされる」業務をこなしている企業も少なくありません。

また、仮に、現状の知識はバッチリでも、法律は年々改正されて変わっていきます。今日の正解が明日の不正解とならないように、法律の最新情報をフォローしつつ対応を続けるのは至難の業です。

たとえば、法改正に気づかず、これまで使用していたエクセルのフォーマットで作成した書類が使えないことに、提出先の関係機関で指摘されて初めて知るケースも実際にあります。この場合、そのミスによって知識をアップデートできるものの、一度帰社する→変更点を確認する→正しい書類を作り直す→印刷する→再び提出する。という究極の二度手間が発生してしまいます。

①「エクセルや紙での書類作成や関係機関への申請に時間がかかる」の解決方法

書類作成については、採用管理システム等と同じ話なので割愛します。

ここで要注目なのは電子申請です。労務管理システムには、社会保険等の申請や、雇用契約書の締結をオンライン上で、ファイルのみで完結させられる機能を備えたものがあります。**電子申請ができると、印刷や捺印、関係機関への持参や郵送の手間が削減できます**（ちなみに、電子申請の書類内容に不備があった場合も、システム上で修正・再提出できます）。

②「従業員情報・マイナンバーの管理が難しい」の解決方法

従業員情報をシステム上で管理することで、個人情報流出のリスクを大幅に低減できます。

また、個人情報を集める手間もなくなります。労務管理システムの多くは、従業員や入社予定の内定者自身に、個人情報を自身のＰＣやスマートフォンから入力してもらいます。紙を渡したり、提出してもらう必要もなくなります。提出状況もワークフロー機能で確認できるので、情報入力が済んでいるか、といった各従業員の状況チェックも簡単です。提出漏れに気づかないミスも減らせます。

従業員側から見ても、手書きの必要がなく、デバイス上で入力・提出できるので便利です。書き間違えの心配も減り、ミスの修正も容易になります。直接の手渡しや郵送で提出する手間もなくなります。

③「労務経験が不足しており、適切に対応できているかがわからない」の解決方法

システム上で各種手続きに必要な書類を案内、入力等にミスがあればアラートで指摘されるので、専門的な知識を持たない人でも業務を安心して進められます。

さらに、クラウドベースの労務管理システムを導入すれば、法改正があっても、それに対応するアップデートがクラウド上で適宜行われるので、仮に人事担当者が重要な法改正を見逃していても、ツール側で対策は済んでいます。また、そのアップデート情報をシステム起動時に確認すれば、変更があったことがわかるので、後で調べて勉強もできます。

サービス紹介

SmartHR

クラウド労務管理システムでナンバーワンシェアを誇るツールです。入退社に関する保険の

電子申請、オンライン上の雇用契約などに対応し、年末調整や給与明細もオンライン上で完結できます。

楽楽労務

経費精算システム「楽楽精算」で知られる株式会社ラクスの労務管理システムです。データ連携はCSVですが、本項で紹介した機能をバランスよく備えています。

ジョブカン労務管理

採用管理や勤怠管理、給与計算などのラインナップがある「ジョブカン」シリーズの労務管理システムです。他のジョブカンシリーズを利用していれば、簡単にデータ連携できます。

①入退社に関する書類（雇用契約書・社会保険等）の作成や管理を電子化できる

②雇用契約書・社会保険・年末調整等の電子申請・電子申告による対応が可能に

③クラウドベースの労務管理システム導入により、労務経験不足の人材でも法改正などへの迅速な対応が可能に

図表7 労務管理にITシステムを導入するメリット

労務管理システムの注目機能

先ほども触れた電子申請機能は要注目です。

アナログの申請作業が不要になること自体も大きなメリットですが、2020年4月から、社会保険（健康保険・厚生年金保険）と労働保険と雇用保険に関する一部の手続きの電子申請が、特定の法人に対して義務化されています。

現状は中小企業の大部分は「特定の法人」に該当しませんが、政府全体で行政手続コスト（行政手続きに要する事業者の作業時間）削減に向けて動いている以上、その一環かつ要の施策である電子申請の利用促進はさらに進み、いずれ中小企業にも義務化されるのではないでしょうか。

ちなみに、電子申請自体は、労務管理システムを用いずとも可能です。ただ、単純に費用対効果を考えると、個人的には労務管理システムを使う以外の選択肢はないと思います。

コラム 勤怠管理の基礎知識

IT活用が進んでいない企業の場合、最も可及的速やかにシステムを導入するべきセクションは勤怠管理かもしれません。なぜなら、働き方改革による2019年4月からの労働基準法等の改正で、勤怠管理を正確に行い、その業務を最適化することが、全企業に義務付けられているからです。

そこで、次項で説明する勤怠管理についての基礎知識を、ここで先にお伝えしておきます。

2015年と少し古いデータになりますが、キーマンズネットによる勤怠管理システムの導入状況の調査によると、従業員数が1001名以上の企業の約75%が導入済みであったのに対して、従業員数が100名以下の企業の勤怠管理システム導入率は約20%にとどまっています(従業員数101~1000名の企業は約50%)。

私たちeCIOのメンバーの中でも、特に勤怠管理に強い専門家によると、5年経ち、働き方改革による法改正が始まっている現在も、この数字に大きな変化はないそうです。日本の企業の99%は中小企業ですから、勤怠管理システムを導入していない企業はかなりの数に上りそうです。

それでは、勤怠管理ができていないと、何が問題になるのでしょうか？

2019年4月から、働き方改革に関連して、管理職も含めた「労働時間の客観的な把握」が義務化されています。それまでは、労働基準法に基づく通達において、労働時間の把握は「使用者の責務」として規定されていましたが、「使用者の義務」との明文化はなされていませんでした。また、この通達は時間外・休日労働の割増賃金の正確な支払いが目的であったため、割増賃金の支払義務がない管理職は対象外でした。

しかし、2019年に改正されたのは「**労働安全衛生法**」で、賃金の支払いではなく健康管理が目的です。**企業が労働時間を把握して、長時間労働者がいた場合は、医師の面接指導を確実に実施できるようにするための法改正**であるために、役員を除く全労働者が対象となっています。これは義務なので、違反した場合は罰則を課せられることもあります。

ポイントは「労働時間の客観的な把握」の定義です。厚生労働省のガイドラインでは、次の2つが想定されています。

A：使用者が自ら現認すること
B：タイムカード、ICカード、パソコンの使用時間の記録等の客観的な記録を基礎とすること

Aは、経営者自らが現場で確認することで、出張すらできなくなるため、はっきり言って不可能です。普通に考えれば、Bを選ぶしかありません。客観的な記録を基礎として、データを保存するわけです。

勤怠管理の段階・方法は、大きく「何もしていない」「出勤簿に手書きまたは押印」「タイムカード打刻」「勤怠管理システムを利用したICカード等による打刻」の4つに分けられ、客観的な記録を残すには、後の2つのうちいずれかを導入することになります。

ただ、タイムカードはムダの多い管理方法です。そのデメリットや、タイムカードでは対応できないことを下にまとめました。

■ ここもチェック！

▼タイムカードのデメリット
- 集計に膨大な時間がかかる
- カードの保管に場所を取ってしまう
- 他の人が打刻できるため、不正打刻が防げない
- 給与計算や給与ソフトに手打ちで対応するため、ミス発生が防げない

▼タイムカードでは対応が難しいこと
- 多様化した在宅勤務等の就業ルールに対応できない
- 社員の勤務時間をリアルタイムに確認できない（クラウド勤怠管理システムなら確認可能）
- 社外での打刻（研修や直行直帰など）に対応できない
- 給与計算ソフトとのスムーズな連携が難しい

簡単に結論をまとめましょう。

2019年以降、すべての企業に勤怠管理が義務付けられています。対応方法としては、タイムカードか勤怠管理システムのどちらかを利用する必要があります。そして、タイムカードによる勤怠管理には、デメリットが少なからず存在します。

これらの知識をベースに、次項をご覧ください。

4 入力して紙で打ち出したものに記入してそれをまた入力するムダ——勤怠管理

「はじめに」でも触れたように、企業とＩＴ顧問サービスの関係は、税理士に近いものがあります。これは職能的な面でも同様で、税法のすべてを専門的にカバーするのは個人レベルではほぼ不可能であり、税理士事務所や会計事務所は、それぞれに得意分野を持っているものです。同じように、ＩＴの専門家にもそれぞれの得意分野があって、複数の専門家で1つの案件に携わったり、私個人への相談に別の専門家をご紹介したりすることがあります。

本書はこのようなｅＣＩＯのネットワークも活用しており、本項および前後のコラムについては、労務管理システムの導入支援のプロフェッショナルである橋亜希子氏の監修を受けています。

コラムで説明したように、勤怠管理は全企業に必須のものとなり、紙のタイムカードや手書きや押印での管理のデメリットを踏まえると、ＩＴの活用はぜひおすすめしたいところです。

前置きが長くなりましたが、アナログな勤怠管理の問題点は次の3つです。

問題点①　紙のタイムカード等は集計に時間がかかり、労働時間等も適時に把握できない
問題点②　有給申請や遅刻・早退・残業などの承認業務に時間がかかる
問題点③　社員の不手際や不正が起こる可能性がある

①の前半は「紙のタイムカードやエクセルでは集計に時間がかかる」という点を指しますが、これによる問題は、1カ月分の集計を締め後にまとめて行っている企業が多いため、打刻漏れ・打刻ミス、予定していた時間とは違う打刻の差異の原因を探るための時間がかかるなど、手間だけではなく、「1カ月分をまとめて集計するがゆえのリスク」も生じてしまうことです。

また、①の後半については、出勤状況や労働時間がタイムリーに把握できないという点を指しています。「集計が遅くなること」によって、たびたび「1カ月の総残業時間を、集計後でしか把握できない」という事態が発生し、後手の対応になってしまいます。

②については、そもそも従業員の有給について把握できていない企業が多くみられます。

2019年4月の労働基準法改正で、年10日以上の年次有給休暇が付与される労働者（管理監督者を含む）に対して、年5日は使用者が時季を指定し有給を取得させることが全企業に義務付けられました。

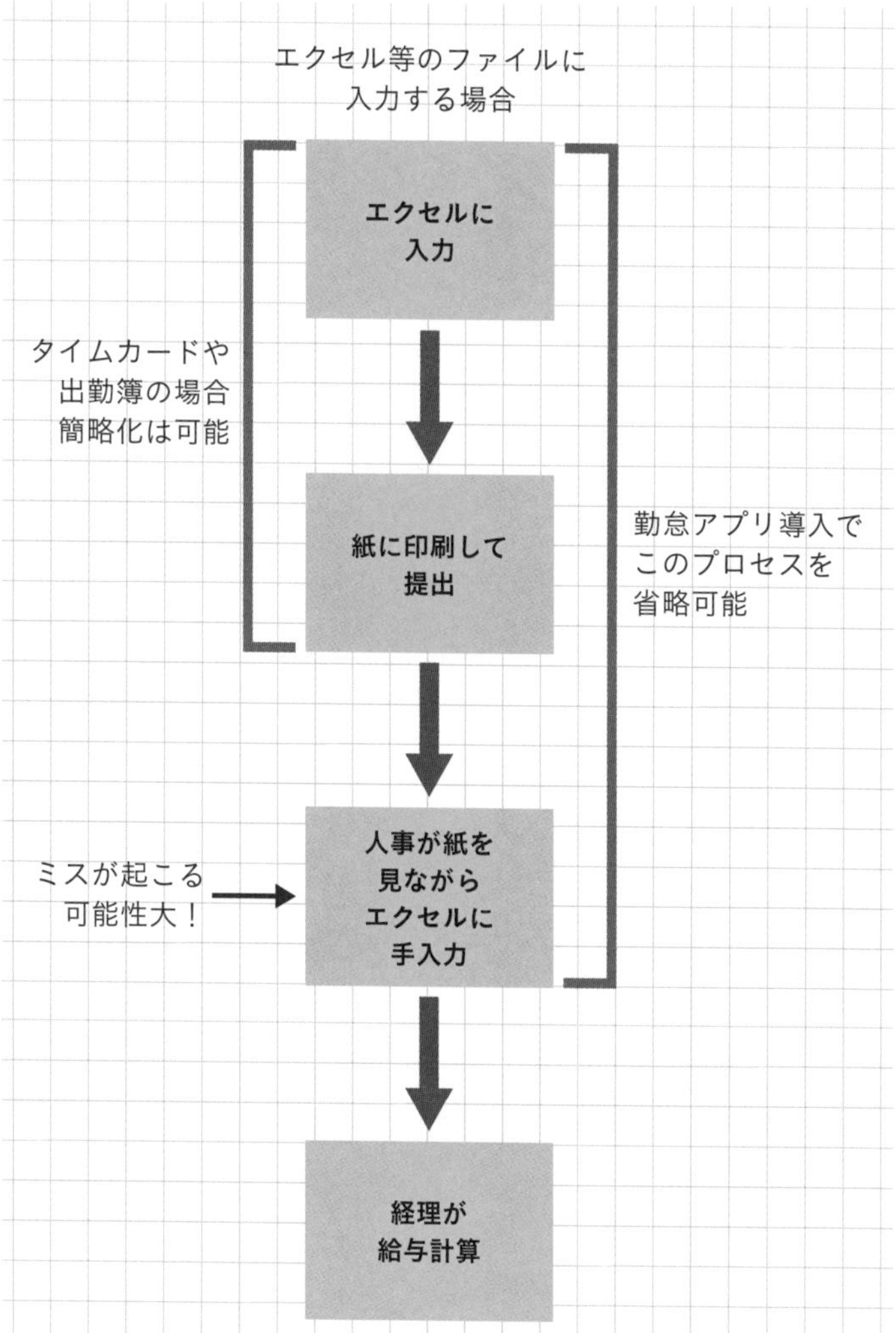

図表8 勤怠でITシステムが可能にすること

しかし、これまで勤怠管理ができていなかった企業が、いきなり従業員の労働日数や時間を正確に把握し、有給取得状況や残日数を記録・管理できるようになるのは難しいでしょう。たとえて言えば、まったく運動をしていなかった人が、急にレベルの高い陸上競技大会に出るようなものですので、必要な数字を自動で計算・管理することが可能なシステムを導入するのが無難です。また、有給の情報は把握できている企業であっても、ワークフローがシステム化されていないと申請や承認に手間がかかります。

有給に限らず、遅刻や早退に伴う勤務時間の修正、残業の申請などは、申請者にも手間がかかり、承認する上長にとっても面倒な作業です。すぐに承認されるとも限りません。

特に残業は、たいていの場合、夕方が近くなって「定時で仕事が終わらない……」となるので、就業規則では事前に申請するようになっている企業でも、残業をした翌日に事後報告で承認を得るケースも多く、問題も少なくありません。

そして③です。出勤簿やエクセルへの記入ではミスを完全には防げません。ミスが発生した場合に、書類を受け取った人事担当者が気づいて修正するのも困難です。残念ながら、従業員が意図的に労働時間を長く書く不正を行うケースもあります。

さらに、2020年4月から、大企業には適用済の残業規制が中小企業にも適用されています。**時間外労働の上限を守らない使用者には、6カ月以下の懲役または30万円以下の罰金が課せられます。**たとえば本来なら、ギリギリ上限内の残業時間に収まった従業員がいたとします（勤怠管理ができていないと、残業時間の把握はそもそも難しいのですが）。しかし、その従業員が記入ミスをしたり、不正を試みたりした結果、数字上の残業時間が上限を超えてしまう可能性すらあるのです。

①「紙のタイムカード等は集計に時間がかかり、労働時間等も適時に把握できない」の解決方法

システム化による間接コスト削減効果は、非常に大きなものがあります。勤怠管理システムの打刻方法は、ＩＣカード、ＰＣやスマートフォンやタブレット、ＧＰＳ認証、指紋認証、静脈認証などさまざまですが、どの方法を選んでも、従業員の打刻の手間は減り、ミスもなくなります。

紙やタイムカードの回収・集計のような作業もなくなり、人事担当者のムダな作業は激減、集計ミスはなくなり、印刷代やインク代も節約できます。

また、アルバイトやパートの多い企業の場合、従業員がスマートフォンから希望シフトを入力し、それを反映する希望シフト作成機能や、自動シフト作成機能を持つツールも多くあります。シフトの作成や調整には手間がかかるので、これが省力化できるのは大きなポイントです。

②「有給申請や遅刻・早退・残業などの承認業務に時間がかかる」の解決方法

システム上のワークフローによって、有給や残業などの申請・承認はＰＣ上やスマートフォン上で可能となります。書類の作成・提出の手間、承認する上長の手間が減ります。

有給の残日数は自動で計算され、義務化された使用者の指定による有給取得の日にちを自動で決める機能もあります。残業時間もタイムリーに確認できて、一定の残業時間を超えた従業員がわかるアラート機能もあるため、働き方改革への対応も安心です。

③「社員の不手際や不正が起こる可能性がある」の解決方法

システム上の時間を変えられるクラッカーによる攻撃など、特殊な状況を除けば、記入ミスや集計ミスは起こりません。不正打刻もほぼ根絶できます。

たとえば、定時で上がった従業員が残業する同僚にＩＣカードを渡す――といった不正も理論上は可能ですが、人事担当者や経理担当者が、その従業員が定時で帰るのを目撃するなどして、いつか発覚する可能性は高いでしょう。また、出社時にＩＣカードが必要な作業をできなくなるので、実際に不正が成功する確率はかなり低いと言えます。

また、指紋認証や静脈認証を導入すれば、そのような不正すらも防止できます。

サービス紹介

KING OF TIME

クラウド勤怠管理システムでナンバーワンシェアを誇るツールです。本項で紹介した機能をバランスよく備えており、選択できる打刻方法も豊富です。ウインドウズＰＣのログイン時刻とログオフ時刻、オフィスの入退室管理システムによる打刻など、勤務実態により即した打刻方法も選べます。

ジョブカン勤怠管理

勤怠管理システムは出勤時刻と退勤時刻をデータに記録するもので、企業の規模や働き方によっては多機能である必要はありませんが、ジョブカン勤怠管理は必要な機能のみを組み合わせて利用可能です。機能面やユーザー・インターフェースの好みが噛み合う企業なら、使いやすいツールを安価に導入できます。

jinjer 勤怠

契約継続率99・4％、サポート満足度91・6％を誇る、多機能ながら使いやすいユーザー・インターフェースに定評があるツールです。jinjer（ジンジャー）もジョブカンのように、人事管理、給与計算等のラインナップがあり、人事労務全般に横断的に使用できます。英語やタイ語などにも対応しているので、外国人従業員の多い企業にも導入できます。

勤怠管理システムの注目機能

勤怠管理は、本書の重要なポイントであるデータ連携を、特に強く意識していただきたいセクションです。会計からの逆算も忘れずにツールを選んでください。

勤怠管理から給与計算のデータ連携がないと、勤怠管理システムが自動で集計した勤務時間を、印刷して経理部に持っていき、経理担当者が手入力で給与計算をする羽目になります。勤怠管理が効率化されても、バックオフィス全体でムダが多ければ効果半減です。最低でも、給与計算システムとCSV連携できるツールを選びましょう。

また、勤怠管理と合わせて、労務管理や給与計算も内包した、広義の労務管理を1つのツール内で完結できるシステムもあります。

コラム 意外に難しい勤怠管理システムと、その副次的効果

勤怠管理システムの効果は大きく、その運用も、非常に簡単です。打刻方法や有給・残業の申請方法が変わりますが、使い方もシンプルで、慣れるのも簡単、作業自体も確実に楽になります。申請を受ける上長の手間も減り、有給申請の書類をデスクに放置したまま忘れる――といったミスもなくなります（未対応の申請があると、システム上でアラートが出るので忘れていても思い出せます）。

ところが橋氏によると、そんな勤怠管理システムにも落とし穴があるそうです。実は、勤怠管理システムの導入を試み、失敗してしまう企業は非常に多いのです。「運用は簡単だけれど、導入は難しい」ようで、その理由は2つあります。

1つは、「関わる従業員・法律の多さと幅の広さ」です。

会計ソフトの場合、会社法などの法律で決められた内容に沿って設定を行うため、企業ごとの運用ルールにはそんなに差はありません。さらにそのソフトを利用する担当者も経理に関わるごくわずかの従業員であるため、新たな導入にもそれほど大きな混乱は起こりません。

対して、勤怠管理システムは、労働基準法の法律だけでなく各社ごとの就業規則、36《サブロク》協定、変形労働制、さらには明文化されていない給与計算ルールなども設定に加味する必要があります。給与計算のルールも、100社あれば100通りあります。

もう1つの理由は、この「給与計算等のルールの複雑さ」です。

勤怠管理を運用するには、出勤時間と退勤時間の打刻により得られるデータを、どのように集計するか――という初期設定が必要になります。これが、大きな壁となっています。

勤怠管理に限らず、**ITシステム導入には初期設定は必要不可欠です。そして、こうした設定には、「使い勝手を上げるための設定」と「それがなければ運用できない設定」があります。**

勤怠管理システムで単に打刻データを記録するだけなら、そこまで複雑な設定はいりません。しかし、そこから給与計算や会計へのデータ連携、有給の算出などを実現するには、各社各様のルールや法律を踏まえて、後者の設定をクリアする必要があります。そこで導入につまずいてしまうケースが多いのです。

とはいえ、働き方改革以降、勤怠管理システムも企業にとっては「それがなければ運用できない設定」です。難しいからと、導入を断念するのも問題です。

そこで大切になるのが「サポートの活用」です。

サポート体制の充実度はサービスごとに異なるので、「サポートの手厚さ」を重視してツールを選ぶのも1つの手です。また、導入支援は私たちeCIOの得意分野でもあります。

IT顧問サービスは、クライアントの環境に合ったツールの選定から始まりますが、そうやって選んだシステムの初期設定や、使い勝手をよくするカスタマイズも欠かせません。

正直なところ、ITに不慣れな企業が、社内の人材だけで初期設定やカスタマイズを適切に行うのは難しいでしょう。法律が絡むIT活用に取り組むなら、各ベンダーや、専門家のサポートを得るのが前提と考えてもいいかもしれません。

そんな苦労のある勤怠管理システムですが、橋氏曰く、**導入に成功したクライアントには、必ずと言っていいほど「新しいチャレンジに取り組む意識」が醸成される副次的効果が見られる**そうです。働き方改革による法改正は、すべての社員やパート・アルバイトが対象になるので、勤怠管理システムの導入を行うことは、全従業員が関わる「業務効率化改革」に取り組むことなのです。

「これまでの仕事の流れを変えたくない、変わるのが面倒だ」と思う従業員は多いので、「このままでいいのでは？」といった反発は必ずと言っていいほど出るものです。また勤怠管理システムに限って言えば、ほとんどの会社でシステムでは設定できないルールが運用されています。

それは、会社独自のルールで、さらに言えば、これまで誰かしら疑問を持っていたグレーな部分である場合もあります。そこにシステム導入を試みると、これまでのルールを見直すのか、そのまま強行して無理やりシステムを使うのか、といった議論が起こります。そんな話し合いを重ねることで、不透明だった点が明確になり、誰にでもわかるルールがつくられていきます。

その過程に触れることで、その他の業務においても、こうした洗い出し作業が必要なのでは、と考える意識が芽生えるようです。また、変化に消極的だった方も、全従業員が使う勤怠管理システムなら、その効果をダイレクトに実感する機会を得るので、最終的には同じようにＩＴ活用に対する前向きな興味や、社内の他の業務への視点が生まれるそうです。これは非常に大きな効果でしょう。

5 手作業って、大変なのに漏れやミスが多くありませんか？ ――給与計算／給与明細

給与計算と、それに伴う給与明細の発行における問題点は次の通りです。

問題点① 煩雑な計算への対応や手作業に時間がかかる
問題点② 確認作業が多く、タスク漏れやミスも発生している
問題点③ 給与明細・源泉徴収票の作成・配布が面倒

①にあるように、給与計算は、勤務時間や勤務日数に、時給等の1つの数字をかければ求められるシンプルなものではありません。先ほどのコラムでも触れたように煩雑です。

そのため、さまざまなデータを参照しながら計算する必要がある上に、勤怠管理もIT化していなければ、勤務時間の集計から手作業でしなければいけません。

また、月60時間を超える残業分の割増賃金率は、大企業で50％、中小企業で25％となっていますが、2023年4月からは中小企業も50％となります。そのような法改正の動きも常に

キャッチアップして対応する必要があります。

とはいえ、どれだけ手間がかかっても、給与計算をいい加減にはできないので、人事担当者や経理担当者は、②のように間違いがないように何度も確認しながら計算を進めます。確認に時間がかかり、責任重大なために精神的にも消耗します。

そして、それだけやっても、どうしてもミスは出ます。単純な集計・計算ミスもありますが、労務管理がシステム化されていない企業で起こり得るのが、従業員情報の管理不足によるミスです。

たとえば、給与計算の基準となる勤務時間等の集計は正確なのに、昇給した社員の情報を把握せずに先月の基準で計算して、本来より少ない給与額を振り込んでしまう――といったミスが起こり得るのです。ちなみに、そのようなミスに気づけばまだよいのですが、担当者も本人も気づかないまま、というケースすらあります。

③も、もらう側はあまり意識していませんが、毎月の給与明細や、確定申告が必要な従業員などの希望者に渡す源泉徴収票の作成・印刷にも手間がかかります。明細を全従業員に配布するのも手間ですし、紙代やインク代も発生します。

①「煩雑な計算への対応や手作業に時間がかかる」の解決方法

給与計算システム導入による最大のメリットは省力化です。

給与計算の基準など、必要な情報を登録する必要はありますが、初期設定さえできれば、月内の従業員の出勤時間や出勤日数が確定すれば即座に給与額が求められます。

勤怠管理システムを導入した上で、データ連携している給与計算システムを導入すれば、勤怠管理の情報を入力する必要すらないので業務のほとんどが自動化できます。また、そこまでして、会計ソフトに給与支払額を手入力するのもムダな作業なので、下流である会計ソフトとのデータ連携も意識しましょう。

②「確認作業が多く、タスク漏れやミスも発生している」の解決方法

基本的には、確認作業は不要となり、計算ミスもなくなります。

例外として考えられるのは、給与計算のみがシステム化されている企業で、従業員情報の変更を忘れてしまい、それが未反映になるケースです。

ただ、そのようなケースのカバーもIT技術で対応可能です。本来の給与額との差額を自動的に算出して、次回の給与振込時に精算できる昇給差額遡及支給機能を持つツールがあります。その機能を使えば、後からミスに気づいても、少ない手数でフォローできます。

とはいえ、理想は労務管理もシステム化・データ連携して、昇給等の変更があったらシームレスに給与計算にも反映される環境にすることです。そうすれば同様のミスは根絶できます。

③「給与明細・源泉徴収票の作成・配布が面倒」の解決方法

給与計算システムを導入すれば、給与明細や源泉徴収票の作成は超簡単。給与額を計算した時点で明細用のデータは揃っているので、ほぼワンクリックで完結します。

そのデータは、従業員がＰＣ上で確認できます。ＰＤＦ送付もできるので、どうしても紙で欲しい従業員には自分で印刷してもらえば十分です。ちなみに、源泉徴収票については、２０２０年から確定申告の際に添付する必要がなくなっているので、データで数字が確認できればＯＫという方がほとんどになるでしょう。

ただ、ペーパーレスを喜ぶ感覚は、ＩＴに慣れ親しんでいる者ならではの感性かもしれません。歴史の長い企業などで、紙を使わないことに批判的な人は少なくありません。

そこで無用な衝突を避けるためにも、第1章で述べたように、新しいシステムを導入するときは、現場の同意を得ることが大切です。ＩＴ活用に積極的な人は、そうでない人に対して、つい「絶対に便利になるんだから反対する理由がない」と思いがちです。しかし、人が何かを選ぶ理由は便利さだけとは限りません。これまでのやり方に対する愛着などもあります。

ですから、「衝突を避けるために」といった現実的な理由、必要性だけを見ずに、現場の理解を得るのは欠かせない〝儀式〟であると捉えてください。必ず説明や話し合いを行い、同意を得るように心がけましょう。

サービス紹介

マネーフォワード クラウド給与

会計ソフトで知られる株式会社マネーフォワードによる給与計算システムです。クラウド会計ソフト「マネーフォワード クラウド会計」と連携していますし、勤怠管理システム「マネーフォワード クラウド勤怠」もリリースしています。また、バックオフィス最適化において特に重要な勤怠管理システムとの連携に力を入れています。ＡＰＩ連携が可能な、自社サービス以外の外部サービスのラインナップも非常に多いです。

さらに、複数の振込を一度に行う際に利用可能な全銀協データ（ＦＢデータ）の出力に加え、システム上で提携銀行（みずほ銀行と三井住友銀行。２０２０年6月現在）にワンクリックでＦＢデータを送信することで従業員の口座に自動的に振込できる機能もあります。この振込連携は、２０２０年6月の時点ではマネーフォワードのみが備える機能です。

人事労務freee（フリー）

こちらもクラウド会計ソフトで知られる、freee株式会社によるツールです。その名の通り、人事労務全般を担うシステムで、簡単な労務管理や勤怠管理の機能も備えており、システムがマッチする企業であれば、これ1つで人事労務をすべてまかなえます。当然ながら、同社のクラウド会計ソフト「会計freee」とデータ連携可能です。

給与奉行クラウド

給与計算システムの導入シェアナンバーワン「給与奉行」のクラウド版です。こちらも会計ソフトで有名な「勘定奉行」シリーズを手掛ける株式会社オービックビジネスコンサルタントによるサービスで、他のさまざまな奉行シリーズと連携しています。

人事担当者や経理担当者の人数が少なく、給与計算などを士業にアウトソーシングしている中小企業は珍しくありませんが、給与奉行クラウドは1ライセンス無償で「専門家ライセンス」が付属しているので、社会保険労務士や税理士に処理等を任せることもできます。

給与計算システムの注目機能

とにもかくにも「データ連携」の機能が重要です。

繰り返しになりますが、会計ソフトなど、バックオフィス最適化の柱に据えるツールとデータ連携ができるものを選ぶことで、手作業で連携を行う手間をゼロにすることができ、またタイプミスなどの人為的な間違いもなくすことができます。

勤怠管理システムと同じ話になってしまいますが、最初のＩＴ導入が給与計算システムという企業もあるので、その場合は、この後どのようにバックオフィスを最適化していくのか――という視点を大切にしてツールを選んでください。

6 申請するほうもチェックするほうも手間がかかって大変
——経費管理

申請する機会のない方もいますが（特にバックオフィス担当の場合）、申請の機会が多い人間からすると、とにかく手間なのが経費精算です。よくある問題点は以下の通りです。

問題点① 交通費を調べたり、承認を受けたりと、申請がとにかく面倒
問題点② 外出先で申請や確認ができず、申請の不備も多い
問題点③ 会計ソフトへの入力や過去の申請書類の管理が大変

経費精算は本当にムダな作業が多いです。クラウド経費積算システム「Concur Expence」を開発したConcur（コンカー）が、国税庁や総務省、株式会社マクロミルの調査によるデータから行った試算では、日本の企業が毎年経費精算にかけているコストは2・2兆円（人件費換算1・8兆円＋領収書保管等のコスト）に及ぶそうです。

この経費精算がシステム化されていないと、①の申請や承認の手間が非常にかかります。一

般的に、経費精算は以下のような手順で行われます。

・申請者：出張先などで領収書をもらう↓月末にエクセルの経費申請書に記載して印刷↓領収書と一緒に経理担当者に申請
・経理担当者：領収書と突き合わせて経費申請書を確認。申請者に支払いを行い、手作業で経理処理

加えて、用途や金額などに上長の承認が必要な申請だと、経理担当者に提出する前に、上長に提出して承認を受け、印鑑を押してもらう必要もあります。

②については、本章の冒頭でも触れましたが、経費精算の機会が多い従業員はフロントオフィス側に多く、日ごろから外を飛び回る営業部の方などが中心であるのに、社内で書類を作成し、経理担当者に申請しなければいけません。

上長印が必要な場合、多忙であったり、オフィスに不在であったりすることで承認が終わらず、経理担当者が処理を待たされるケースもあります。

そして、経理担当者の手元に書類が来ても、申請内容に問題や不備があることも多々ありま

す。そのときに申請者が外回り中だと、お互いに時間を合わせて問題点を伝え、再申請してもらうことになります。本人のミスとはいえ、申請者は書類を再作成する手間も発生します。

そうやって月内の経費申請の受付と精算が終わっても、経理担当者はそこからが本番。経費を旅費交通費や接待交際費等の勘定科目で振り分け、会計ソフトに入力する③が待ち構えています。

その上、入力が済んだ領収書は、法人税法で7年間の保管義務があります。台紙に領収書を糊付け、ファイリングして管理する必要があります。この整理の手間がまた大変です。

さらに、ミスが発覚したり、税務調査が入るなどして、過去の領収書の確認を迫られたりするケースもあります。紙ベースの経費管理の場合、膨大な数になるファイルを目につきやすい場所に保管することは少なく、直近のものを除けば、段ボールの中にファイルをたくさん入れて倉庫の奥に置いておく――といった形が多いでしょう。そんなときに目当ての領収書を探すのは非常に骨の折れる作業になります。

また、経費申請書のエクセルファイルを確認すればよいケースであっても、該当ファイルを見つけやすい整理・管理ができておらず、探すのに苦労することもままあります。

①「交通費を調べたり、承認を受けたりと、申請がとにかく面倒」の解決方法

手間が多くとも、ひと昔前まではこのような申請方法がベストのやり方でしたが、ＩＴ技術の進歩によって一気に時代遅れになり、削減できるムダな作業に変わってしまいました。

経費精算システムの導入で、具体的に大きく変わるのは以下の2点です。

- **ペーパーレスでの申請・承認**
- **社内以外の場所からも申請や承認ができる**

申請・承認はワークフローをシステム化できるので、経費申請書を紙に印刷し、承認・申請する必要がなくなります。

そして、非常に大きいのが、領収書の現物の管理が不要になることです。その手法として共通するのは、スマートフォンによる領収書の撮影ないしはスキャンです。

そこからの処理はツールによってさまざまですが、主に3つに分類できます。

最も楽なのは、提携する外部センターのスタッフが領収書のデータを目視で確認し、用途や金額を入力して経理担当者に処理用データを送るシステムです。申請者は領収書に署名して（領収書の不正再使用等を防ぐため）撮影し、原本を社内の決められた箱などに入れておけば大

丈夫です。

2つめは、OCRとAIで自動入力するシステムです。

領収書の撮影画像から、AIが経理担当者に送るデータを作成します。その後は、サービス側の外部スタッフがデータを確認・フォローするツールや、申請者がデータを確認し、必要なら修正して経理担当者に申請するツールなどがあります。

最後に、申請者自らが一からデータを入力するシステムです。

写真撮影やスキャンは領収書を電子化するためで、データ自体は申請者が入力して申請します。入力の手間自体は発生しますが、経費申請用に特化したUIなので、作業は簡単になるはずです。また、印刷や上

■ ここもチェック！

ちなみに、ここで「領収書を捨ててはいけないの？」と思われた方もいるかもしれません。

詳細に記すと膨大な文字数になるのでシンプルに説明しますが、電子帳簿保存法に則って紙の領収書を破棄するには、保管していた領収書からランダムチェックで原本と撮影データに齟齬がないか確認することが求められます。そのため、いったんは保管する必要があります。

ただし、あくまでもランダムチェックなのでファイリングは不要で、箱などに適当に入れておけば十分です。

長や経理担当者への手渡しは不要となるので、この処理方法でも大きな効率化が期待できます。

ちなみに、領収書の受領者ではなく、経理担当者等が領収書を処理することも可能です。ただ、受領者本人しか説明できない経費の使途がある――等の理由から、一般的には受領者が経費申請を行うものです。そのため、経費精算システムを導入する場合も、引き続き申請作業は受領者が行う可能性が高いので、ここでは受領者本人による申請に絞って話を進めます。

そして交通費について。新幹線や飛行機のような大きな出費ではない、日常的な交通費精算の場合、経費精算に領収書が不要な場合が多いでしょう。いちいち現金で切符を買って領収書をもらうのは手間になるため、従業員も交通系ＩＣカードを使用するのが一般的です。

交通費を申請する場合、これまでは申請者が経路ごとの料金を調べて入力していましたが、経費精算システムの多くは、ＩＣカードから交通費などの取引データを取り込めるようになっており、利用駅の入力による交通費の自動算出も可能になるので、交通費精算も楽になります。

②「外出先で申請や確認ができず、申請の不備も多い」の解決方法

申請者も、承認者もスマートフォン上で作業できるので、社内で作業する必要がありませんし、確認待ちのムダな時間も減ります。

また、システムの利用で、申請の不備自体や、その修正に関する手間も減ります。明らかなミスがあった場合、申請者の情報入力画面にアラートが表示されるので、記入漏れのある申請書の提出がなくなります。さらに、その上でミスが見つかってもシステム上でやりとりできるため、前述したような差し戻しなどの作業は不要です。修正と再申請が発生しても、その際の手間は大幅に減ります。

③「会計ソフトへの入力や過去の申請書類の管理が大変」の解決方法

会計ソフトとデータ連携している経費精算システムを使えば、経費の処理が確定した時点で会計ソフトに情報が入力されるので、会計ソフトへの入力作業がゼロになります。

また**経費管理の隠れたポイントとして、申請側と経理側で見る軸が異なる点が挙げられます**。たとえば、営業から見れば、取引先とお茶をするのも、お酒を飲むのも、同じ商談なら経費の使途は同じです。しかし、経理から見ると、その経費は「会議費」と「接待交際費」という、2つの勘定科目に分かれます。

その他の要件もありますが、ざっくりと括ると取引先と会食した場合、1人あたり5000円以下なら会議費、それ以上なら接待交際費になります。しかし、経理・会計の知識のない人物から見ると、その区別はよくわかりません。少なくとも「会議費と接待交際費を区別して記入してください」と要求しても難しいでしょう。

ここで経費精算システムを利用すれば、申請者には明解かつ、経理担当者にも便利なカスタマイズができます。具体的には、「1人5000円以下の飲食費」「1人5000円より上の飲食費」といった入力項目を分けて作成して、前者の入力は申請用データでは会議費、後者は接待交際費となるように設定するのです。

交通系ICカードやクレジットカードとの自動連携、処理機能なども日進月歩で進化しています。

従業員に会社用のICカードやクレジットカードを渡して、そのデータを吸い出すだけで自動的に経費精算のデータが作成できる機能もあります。クレジットカードのAI処理も精度が高く、たとえばガソリンスタンドで使ったクレジットカードの利用情報は、旅費交通費としてデータ処理されますし、AIの処理に間違いがあっても、修正すれば以降はそれを踏襲してくれます。

データの管理も、領収書をペーパーレス化すれば劇的に楽になります。

昔の領収書の確認はシステム上で検索できます。倉庫に置かれた領収書を綴《と》じたファイルを開けて探す必要もなくなります。そもそもアナログ管理だと、目的の領収書以前に、それが綴じられたファイルを見つけるのに苦労します。

探す機会がなくとも、保管にはコストがかかりますし、法律上保管が必要な7年分のファイルは相当なスペースをとります。また数年経つと印字が薄れて、書かれている内容が読めなくなる領収書もあります。データの適切な保管という観点からも、経費精算システムの利用をおすすめします。

導入時に重要な「現場への周知」

このような経費精算システムの効果は、前述のように非常に大きいものの、他の分野以上に、導入時の現場への周知が求められるという障壁もあります。というのも、領収書のペーパーレス化には細かい要件があり、それを守るのに苦戦する人が出る可能性が高いからです。

書類のペーパーレス化はテレワークにも大きく寄与しますが、契約書や領収書等の取引に関係する書類を単に撮影・スキャンするだけでは、データの改竄が容易なため、税務上の正式書類と認められません。

領収書の場合、特に重要なポイントとして、現在は「受領者が署名」し、「受領から概ね3日以内」に「タイムスタンプを付与」するというルールがあります。タイムスタンプとは普通郵便における「消印」にあたるもので、撮影データの日時は変更可能なため、普通郵便における郵便局のように、認定された時刻認証局（ＴＳＡ）のみが発行可能なタイムスタンプを付与してデータ化する必要があるのです（領収書を撮影して申請する経費精算システムの大部分はＴＳＡと提携しており、正式書類と認められる形で保存できます）。

逆に言えば、経費精算システムを利用するなら、「領収書を受領した従業員は、３日以内にデータ化する必要がある」わけです（３日を過ぎても正式書類と認められる電子化は可能ですが、余計な手間がかかります）。

つまり、経費精算を月末に一斉にしていた人は、その習慣を改める必要があります。トータルの作業時間は大幅に圧縮できますが、従来のやり方からの変更にすぐに対応できなかったり、忘れてしまったりする人はどうしても出てきます。

実際に社内で導入しても、しばらくは月末にまとめて領収書を撮影・申請する人も出てくると思います。そのフォローは経理担当者がすることになるので、経営者はまず、そのような作業も発生するだろうことを経理担当者に説明し、了承を得ておきましょう。最初のうちは大変でも、最終的には経理のムダが大きく減るので、理解は必ず得られます。

そして、その上で経費申請する側の現場の従業員に、使い方や、そのために必要な変更点を伝えていきましょう。

サービス紹介

楽楽精算

国内シェアナンバーワンの経費精算システムです。ベンダー別売上シェアでもすべて1位の、企業の規模を問わず使い勝手のいいツールです。2020年6月現在で、会計ソフトとの連携はCSV連携ですが、主要会計ソフトの連携用テンプレートが用意されており、カスタマイズも可能なので手数をかけずに会計ソフトにデータを移せます。

Concur Expence

海外ユーザーも多く、出張管理クラウド「Concur Travel」等と合わせた出張・経費管理クラウドの利用者は4万6000社、6600万人に及びます。Concur Expence は連携アプリが豊富で、乗換案内サービスはもちろん、ホテルやタクシー配車、モバイル Wi-Fi レンタルなど、出張時の利用が多いサービスを広く網羅しています。

らくらく旅費経費.net

その名の通り、旅費交通費に関する機能が豊富な経費精算システムです。通勤定期の区間を除外した交通費計算による過剰支給の防止、交通系ICカードの履歴の取り込みと自動処理、立て替えのある出張等における仮払金の処理などが可能です。申請書類のペーパーレス化は可能ですが、2020年6月現在で電子帳簿保存法に対応していないので、領収書の電子データ化はできません。

経費精算システムの注目機能

みなさんの企業の経費の使途によっては、Concur Expence で触れた外部サービスとの連携は要注目です。たとえば、従業員が経費精算システムと連携したアプリを利用してタクシーやUber ドライバーを手配すると、経費申請も同時に済んだ状態になるのです。他にも、日ごろの経費申請のほとんどが電車による近距離移動である企業なら、領収書を電子データ化できなくても、らくらく旅費経費.net が最も効率化できるツールになるかもしれません。

自社が日ごろ、どんな経費を使っているのかを可視化して、その省力化に役立ちそうな連携アプリや提携サービスの有無をチェックしてみるのもおすすめです。

コラム

BTM等を活用して、そもそもの処理機会を減らす

人間は「便利さ」に慣れてしまうもので、知人のセールスマンは、先日「領収書を写真に撮るのが面倒くさい」と言っていました。すべて手作業の経費精算と比べると贅沢な発言ですが、最適化された経費精算でも、慣れてしまえばそう感じること自体は理解できます。

また、この発言にも、1つの大きなヒントがあります。

経費精算の最適化には、ITシステムの活用に加えて、「そもそもの処理機会を減らす」という発想があるのです。3分で済む経費精算を100回やるよりも、10分かかる経費精算10回のほうが作業時間は短くなります。経費精算自体の効率化のみならず、このような観点からも経理処理の方法を検討するのが経費〝管理〟の考え方です。

この経費管理で注目すべきポイントが出張です。

出張費用が高額な場合、立て替える従業員も大変ですし、申請の手間もかかります。一般的なやり方としては、従業員が移動方法と宿泊場所を自分で調べて、金額を出して出張申請を行い、承認を得てから実際の手配をする形になります。

このような、従業員による費用の一時負担や、出張申請の手間を大幅に減らすのが「ＢＴＭ（Business Travel Management）」と呼ばれるサービスです。

ＢＴＭを使うと、自社の場所と出張場所を伝えれば、手配はサービス側で行ってくれます。情報や手配の基準を一元化できるので、個々人がさまざまなやり方で手配・申請するよりも、出張費用の可視化や適正化が期待でき、安全管理にも役立ちます。

もう１つの大きな利点は、ＢＴＭを利用すると出張費用が後払いになることです。月締めで請求書が送られてくる形になるので、何人で何度出張しても処理はそれだけで済みます。経理担当者はその請求書を経理処理すればＯＫ、出張する従業員本人の出張申請や、経費精算の処理も不要になるのです。

このＢＴＭについても、次ページで簡単にサービスを紹介します。

その他に、法人クレジットカードの活用も経費管理に役立ちます。

外で定期的に何かを購入し、経費精算する従業員がいる場合、その購入を法人クレジットカードですれば経費精算は不要になります。クレジットカードの明細データは、エビデンスとして法律的に認められていますから領収書も減らせます。不正利用の可能性があるので、明細データのチェックは欠かせませんが、従来の経費精算の手間がなくなる分を思えば、大した手間ではありません。

毎月行われる経費精算が、出張と備品の購入程度という中小企業も珍しくありません。

そんな企業の場合は、BTMと法人クレジットカードを活用すれば、経費精算システムを導入せずとも経費管理は最適化できます。

経費精算を楽にすることも大切ですが、「大枠での経費管理」もぜひ意識してみてください。

■ BTMサービス紹介

AI Travel

出発地と目的地を入力するだけで、適切な移動手段と宿泊先の候補を出し、手配をしてくれるサービスです。出張申請・承認におけるワークフローや旅費規定チェック、旅程を一元管理・分析する機能を備えています。国内外問わず、さまざまな交通機関（飛行機・新幹線・特急券など）や宿泊先に対応し、レンタカーやモバイルWi-Fiなどの手配もチャットでコンシェルジュがサポートしてくれます。

BORDER（ボーダー）

チャットを通じて飛行機や宿泊先を手配することが特徴のサービスです。クラウド上で海外出張・国内出張の情報を一元管理・分析します。

J'sNAVI NEO

JTBが提供する出張費削減・精算業務の効率化ソリューションです。手配以外に立替えた支払い分の振込に対応したFBデータを自動的に作成。振込作業の手間を省きます。

7 手入力・やり直し・データ不足でタイムリーに経営に活かせない――会計

さて、ようやく会計にたどり着きました。すでに述べたように、どんな企業でも会計では何かしらのシステムやソフトウェアを利用しているものですが、それでも以下のような問題が起こりがちです。

問題点① 仕訳入力・帳票作成などに手間がかかる
問題点② 必要なデータの呼び出しや、タイムリーな状況の把握ができない
問題点③ 税理士と自社で解釈の違いがある

これまで見てきた項目の自動化、効率化ができていない場合、経理担当者のところには日々、経理処理が必要な取引の各種データが紙やファイルで送られてきます。これを見て、一つひとつ手作業で入力していくのが①の「仕訳」と呼ばれる作業です。それらの仕訳が、「仕入票」や「売上票」といった帳票にまとめられます。経理担当者は仕訳をするのが仕事、というくらい手

間がかかります。

日々の仕訳が最適化されておらず、なおかつアナログな経費精算のように、月末にまとめて処理する作業が多い企業だと、どうしても②のように、**会計ソフト上の帳票の情報が現況をリアルに捉えたものになりません。**

経営判断のために予算を把握したいときも、会計ソフト上の数字はタイムリーなものでない可能性が高く、またそうした数字を呼び出すのに手間がかかることもあります。

③については、経理担当者が不在ないしは少人数で、仕訳の記帳代行も税理士に依頼している企業に限った話ですが、事前にどれだけ話し合いを重ねても、会計の解釈は100人いれば100通りあるくらい幅広いので、税理士と自社で解釈のズレが生じることがあります。

そうなると、税理士から送られてきたデータの調整が発生して時間をとられます。また、②でも触れた経営判断にデータを使いたいときに、せっかく外注しているのに正確な数字をすぐに確認できない可能性が高いです。

これらの問題点は、最新の会計ソフトを活用すればすべて解決できる……というわけでは残念ながらありません。ここまで述べてきたように、会計の上流にある各セクションの管理を適切に行い、データ連携でつながることが前提になります。その上で、という点を踏まえ、解決編に進みましょう。

①「仕訳入力・帳票作成などに手間がかかる」の解決方法

上流のシステムとデータ連携ができていれば、手入力による仕訳はほとんどなくなる、と言っても過言ではないレベルで省力化が実現できます。なお、自動仕訳ルール機能があれば、契約している銀行口座やクレジットカード会社、各種クラウドサービスから取り込んだ明細に、任意の勘定科目や摘要欄を適用できるようになります。この機能を使用することで、今までのように通帳やインターネットバンキングから一つひとつ手入力で仕訳する必要がなくなり、勘定科目を選択し登録ボタンを押すのみで仕訳登録が完了します。

②「必要なデータの呼び出しや、タイムリーな状況の把握ができない」の解決方法

最新の会計ソフトは、タイムリーな情報を経営判断に活用することを前提に設計されています。そのため、会計データもタイムリーに把握できますし、分析ツールとしての機能も豊富で、ダッシュボード（複数の会計指標をひとまとめにして表示するツール）の作成など、経営判断に

使えるデータを参照しやすいＵＩになっています。

③「税理士と自社で解釈の違いがある」の解決方法

多くの処理を自動化できれば、そもそも税理士に記帳代行を頼む必要がなくなる可能性も高く、また税理士に任せる場合も、自動的に取り込まれたデータの仕訳ルールを最初に設定すれば、それ以外の処理をしようがないので、解釈や認識の違いによる処理方法のブレも防げます。

このような恩恵を受けるために、従業員軸のすべてをＩＴ化する必要はありませんが、少なくともお金の動く情報をエクセルで保存して、ＣＳＶで書き出し、データ連携の線でつなぎたいところです。それさえできれば、給与計算システムや経費精算システムを導入せずとも、多くの仕訳作業を自動化でき、会計を効率化できます。

サービス紹介

マネーフォワード クラウド会計

給与計算／給与明細の項目で紹介したように、連携する自社サービスの多いクラウド会計ソフトです。会計事務所との連携が強く、マネーフォワードに熟知した税理士の紹介、他の会計ソフトからの移行に対応等のサービスも提供しています。

会計 freee

日本初のクラウド会計ソフトとして知られています。会計 freee は20人以下の企業向けのクラウド会計ソフトです。21人以上の企業向けの、人事労務管理や勤怠管理など、バックオフィスを広くカバーする機能を持った「クラウド ERP freee」も提供しています。

勘定奉行クラウド

freee やマネーフォワードの躍進を受けて、パッケージの会計ソフトをリリースしていた企業も次々とクラウド会計ソフトをリリースしています。勘定奉行クラウドは、その名の通り老舗会計ソフト「勘定奉行」のクラウド版です。クラウド会計ソフトは税理士事務所や会計事務所とクラウド上でデータを共有できるので、確定申告の時期に税理士らにデータを取りまとめて送る手間等がなくなり、すべてのやり取りをクラウド上で完結できる利点があります。

会計ソフトの注目機能

他のＩＴシステムとデータ連携していなくても、十二分に恩恵を受けられる、最新の会計ソフトならではの機能がインターネットバンキングやクレジットカードとの自動連携機能です。

この機能がある会計ソフトを使えば、いちいち各銀行のサイトにログインして情報を確認する必要がなくなり、取引も自動で仕訳されます。現状の会計ソフトに同様の機能がない場合は、まず会計ソフトから見直し、その際に自動連携機能について調べてみるのもおすすめです。そこから逆算して、他の各セクションの最適化も検討してみてください。

また、会計ソフトを新しくするなら、クラウド会計ソフトを強くおすすめします。どのＰＣ上からも利用できるので、テレワークが必要になった企業でも、自宅ＰＣに会計ソフトをインストールし直して、データも移す作業が不要となり、どんな場所でもＰＣ１つで業務を遂行できます。

8 土台を固める――グループウェア「コミュニケーション」編

ここからは、この章と、続く第3章で取り上げるさまざまなITツールの活用に必要な、グループウェアやインフラについてお伝えします。

「電話・面談」以外のコミュニケーションを円滑にする要の役割

まずはグループウェアから解説します。

第1章でも説明しましたが、グループウェアとは、チャットやウェブ会議、スケジュール管理、クラウドサーバーなど、企業内のさまざまな業務効率をアップする機能を持つツールです。ITツールには、経費申請や承認をシステム上で完結するワークフロー機能を持つものが多いのですが、さまざまな用途にカスタマイズして使用できる、ワークフロー機能に特化したグループウェアもあります。

このようなグループウェアが重要なのは、先述したように、バックオフィスの最適化は掛け算で実現されるものだからです。優れたITシステム(x)の効果を最大限に発揮するには、グループウェアやインフラ（y）の質と的確な運用が必要不可欠です。

多機能なグループウェアですが、中でも特に使われているのはコミュニケーションについての機能です。やり取りのスピードアップや、ムダなやり取り自体をなくす効果が期待できます。

ひと昔前、ビジネス上のコミュニケーション手段は、手間や重みの少ない順から、メール↓電話↓会って話す――という3種類が考えられました。さらに、数年前からメールと電話の間にチャットが、そして近年急激に使い勝手が良くなり、実用の機会が増えているウェブ会議が加わり、現在は次の5種類が主な選択肢となっています。

①メール↓②チャット↓③電話↓④ウェブ会議↓⑤会って話す

グループウェアは、③電話と⑤会って話す以外のコミュニケーションを円滑にする機能を多く備えていますが、多機能なものから、機能が絞り込まれたものまで多種多様です。第1章で触れたように、多くの部分をカバーするツールを選ぶ必要はありません。

むしろ、メールはG Suite（Gmail）、チャットはSlack、ウェブ会議はZoomといった形で、複数社のサービスを組み合わせる運用のほうが一般的です。とはいえ、G Suiteはチャットやウェブ会議の機能もあるので、すべてG Suiteでまかなうことも可能です。使い勝手を試して、自

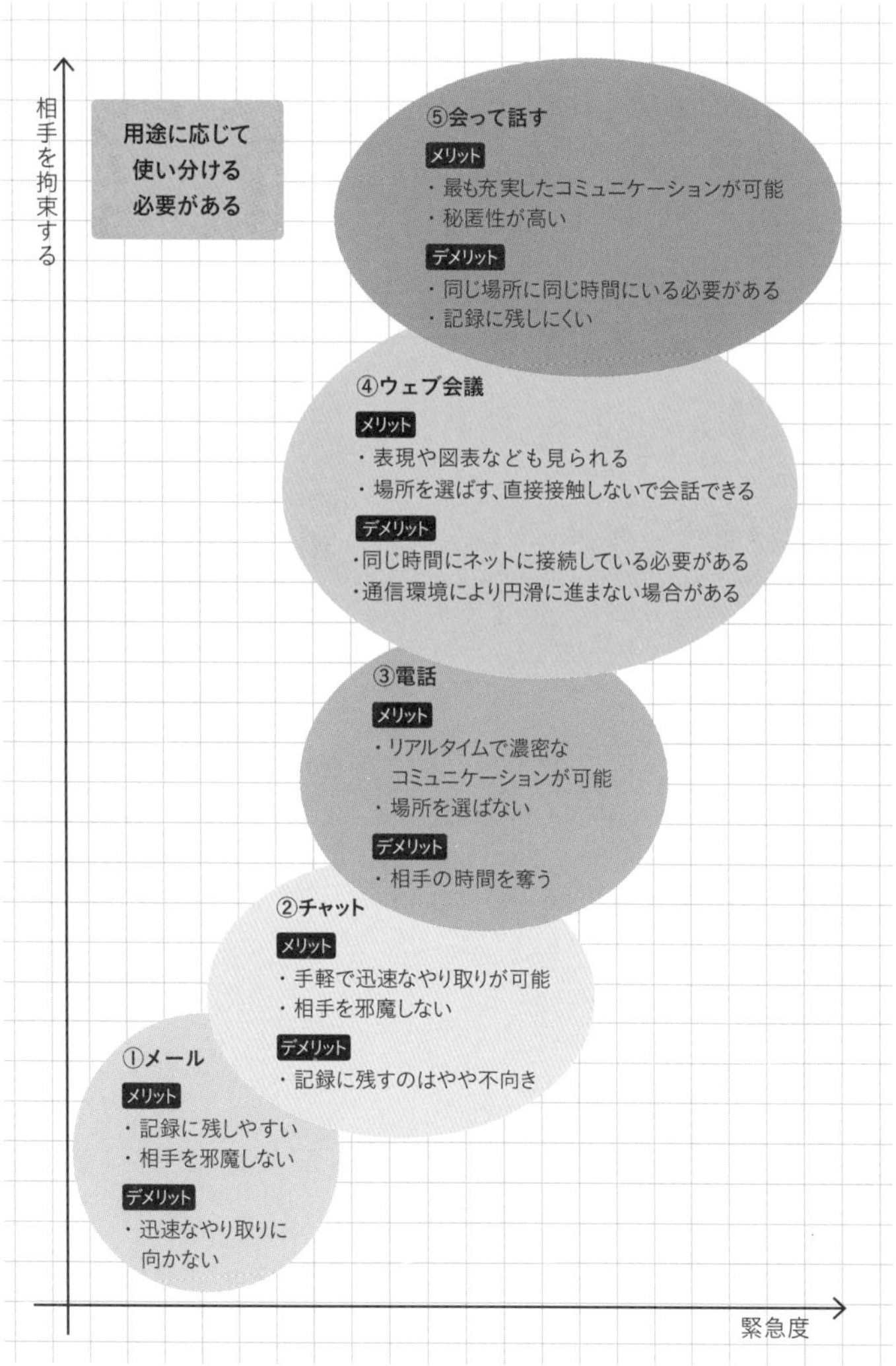

図表9　コミュニケーション手段の使い分け

社なりのベストな組み合わせを検討してみてください。

ちなみに、メールはどんな企業でも最低限、メーラーを使用しているかと思います。そのため、わざわざG Suiteのようなグループウェアを新たに導入するメリットが感じられないかもしれません。しかし、Gmailのようなウェブメールは検索性に秀でています。ウェブをグーグル検索する感覚でキーワード検索ができ、検索結果も瞬時に出るので、過去のメールから情報を探すときに非常に便利です。メールを見返す機会の多い人なら、明らかに生産性が変わる便利さなので、導入を検討する価値は大いにあると思います。

この①~⑤のコミュニケーション手段は、グループウェアのサービス選びと同様に、どれか1つに集約すればいい——というものではありません。それぞれ一長一短があるので、以下に紹介するメリットとデメリットを鑑みて、適切な手段を都度選んでください。

①メール

世界共通の規格で情報の送受信ができ、送受信者のデータやタイムスタンプが残るので、情報を確実に残すのに優れています。相手が読みたいときにメールを開けばいいので、相手の時間を奪うこともありません。

ただし、その分、急いで読んでもらえなかったり、必要なメールが迷惑フォルダに行ってしまったりと、確実に見てほしい情報の既読がわからないので、絶対に見て欲しいメールの場合、開封確認機能を使う、急ぎなら電話を併用する、といった手間を要することもあります。

②チャット

チャットはメールと電話の「いいとこ取り」のような性質があり、バックオフィス最適化における重要なツールです。

そのため、ぜひ活用していただきたいのですが、すでに述べたように、社内のチャットツールは必ず1つに統一してください（取引先の要望には合わせる）。

バックオフィス最適化における重要なポイントは、部門の壁を越えることです。

たとえば、経費申請で何か疑問点があった場合、書類による申請なら、経理担当者は申請書類を持って、申請者本人に会いに行くしかありません。しかも、申請者が不在で、処理が進められなかったりします。そこで経費精算システムとチャットを併用すれば、ミスが見つかっても、申請画面をキャプチャして、その画像と一緒に「この解釈で合っていますか？」などと尋ねれば済みます。質問されたほうも、返答や修正をスマートフォン・PC上で完結できます。

またチャットの真価は、対社外のやり取りでも存分に発揮されます。プロジェクトの進捗の把握などは、メールよりも明らかにチャットのほうが効率的です。ウェブメールのように過去ログの検索も簡単かつスピーディーにできますし、メール添付では大きすぎる大容量のファイル送信も可能です。

そして、それらの利点に勝るとも劣らない、**チャットだけの大きなメリットが「すぐに修正・削除ができる」という点**です。相手の名前を間違えたメールに送信直後に気づいても、できることは謝罪メールを新たに送ることのみですが、チャットなら投稿の削除、名前の修正といった対応が即座にできます。

ここもチェック！

ツールの選定にも注意が必要です。

近年、仕事でもLINEを使いたがる人が増えています。便利なので気持ちは理解できますが、少なくとも別アカウントをつくるか、ビジネス版の「LINE WORKS」を使うべきです。そうしなければ、仕事中にプライベートの連絡が入って集中を乱されますし、古いやり取りも消えていきます。

これは企業側から見てもハイリスクです。従業員が退職する場合、セキュリティ上過去の仕事のやり取りは削除しなければいけません。しかし、プライベートに使うLINEアカウントを消してくれ、と言って了承してくれる人などそういません。Facebookのメッセンジャーも、タイムスタンプ等の管理がゆるく、過去ログを参照しにくいなど、仕事で本格的に活用するのは不安があります。

ただし、リカバリーが容易な分だけ、記録としての重みは減ります。本当に重要な情報の送信はメールでしたり、「アーカイブとして同じ内容をメールしておきます」とチャットしてメールも送る、といった使い分けも大切です。

ちなみに、社外との連絡でも、こちらがイニシアチブを握れるケースもあるので、「社外連絡用のチャットツールのファーストチョイス」も決めておくべきでしょう（基本的には社内用の統一チャットツールと同じで問題ありません）。

③電話

相手と直接話すことで明確な意思疎通が可能な反面、記録を残しにくい、相手の時間を強制的に奪う——といった欠点もあります。

とはいえ、電話でなければいけない用事はありますし、線引きをしっかりすれば有用なコミュニケーション手段となります。私の在籍当時のChatwork株式会社では、緊急性が本当に高い用事以外は電話を使わない、というルールがありました。これなら、仕事に集中したい時間はメールやチャットも見なくて済みます。電話が来たら出る必要がありますが、そうすべき用事の連絡だとわかるので余計なストレスはありません。

④ウェブ会議

③と⑤の間をつなぐ手段です。直接会うわけではないが、表情やジェスチャーなども含めて豊富な情報量を伝えられます。

ただ、モニターとインターネット回線を挟むことで緊張が生じたり、直接話せば伝わるニュアンスが失われる可能性はあります。そんなデメリットもあるので、ITに馴染みがない方には避けられがちな手段でしたが、近年の目覚ましいツールの進化と、新型コロナウイルスの影響による社会的要請から急激に広がっています。

何よりも、移動の時間や交通費がなくなるという大きなメリットがあるので、慣れた人が増えることで、今後も加速度的に広がっていくでしょう。社内だけでなく社外との利用も増えており、ウェブ面接で採用を行う企業もあります。今後、チャットや電話よりも濃密なやり取りをウェブ会議で交わし、本当にここぞ、という用事のみ会いに行くのが、アフターコロナのスタンダードとなるかもしれません。

⑤会って話す

最も直接的なコミュニケーションで、ウェブ会議で削ぎ落とされる可能性がある情報も余すところなく伝えられる手段です。相手の時間を最も多く奪い、そのために費用が発生することも多い代わりに、ここぞというときに用いられる手段です。

見方を変えれば、何でもかんでも会って話していては、その重みが減ってしまいます。チャット等の手段を活用することで、「会って話す」ことの価値をより高める効果も期待できるのです。

テキストだけに頼らない

テキストには向き不向きがあります。文字だけを受け取っても、感情が見えずに深刻さが的確に把握できませんし、反対に、自分の本意ではない冷たさや怒りを、相手が受け取ってしまう可能性もあるからです。とはいえ、スマートフォンなどのやり取りでは感情を表すために入れることの多い絵文字やスタンプが使えない社外の方なども多いので、そのような懸念がある場合は、簡単な用事でもメールやチャットではなく、③〜⑤のコミュニケーション手段を用いたほうがよいケースもあると思います。

私の場合は、どうしても誰かを叱らねばならないとき、不平・不満・苦しい話があるときなどは、できる限り会って話すか、最低でも電話をするようにしています。

いずれにせよ、適切なコミュニケーションをするには、「相手を思いやること」が大切です。

その手段を選んだら、相手がどう思うか。まず、相手の時間を極力奪わない発想は大切ですが、かといって大変な金額の取引をメールやチャットだけで進めるのも問題かもしれません。同僚や取引先のことを思いやって最適なコミュニケーション手段を選んでいけば、自ずとバックオフィス最適化につながるコミュニケーションの方法論ができあがっていくはずです。

代表的なグループウェアとその機能的な特徴を、左の表に簡単にまとめておきます。

	G Suite	Microsoft 365	サイボウズ Office
メール・チャット・ウェブ会議	○	○	△
クラウドストレージ	○	○	△
ワークフロー	×	×	○
ブラウザベース	○	△	○

9 ほかにもある便利なツール ——グループウェア「その他機能」編

続いて、グループウェアのほかのおすすめ機能も見ていきましょう。

オンラインストレージの重要性

ファイルをPCやスマートフォン上ではなく、クラウド上＝インターネット上の保管スペースにファイルを置いて利用できるのがオンラインストレージサービスです。

知名度の高い「Dropbox（ドロップボックス）」は、グループウェアではなく単独のオンラインストレージサービスですが、グーグルのG Suiteには「Googleドライブ」、マイクロソフトのMicrosoft 365（旧称：Office 365）には「OneDrive（ワンドライブ）」が付属するように、グループウェアの機能としても提供されています。

オンラインストレージの利用経験がない方は、そのメリットがあまり理解できないかもしれませんが、**IT活用の第一歩と言えるほど大きなサービス**なので、強く利用をおすすめします。

「便利そうだ」とわかっていても、IT導入になかなか踏み切れない理由として、変化を恐れる風潮があると先に述べました。これは、感覚的な話だけではありません。仕事のやり方を変えるために、PCを新調したり、新しいソフトをインストールするとセットアップに時間がかかるので、その面倒を避けたいと考える人も多いのです。

しかし、そのような手間はクラウド活用で大幅に減らせます。ソフトウェアもクラウドツールにすればインストールはそもそも不要ですし、仕事に使うファイルをオンラインストレージに置いておけば、ファイルの移動も必要ありません。

このような環境を実現できれば、新しいPCを買ったら、インターネットに接続すれば、すぐに新PCのマシンパワーで仕事ができます。

また、ファイルをクラウド上に置くと、他のユーザーと共有できます。この機能で日常の仕事も効率化できます。たとえば、前述したように、クラウド上の1つのファイルを複数人で同時に編集できるので、会議中に複数人で同じファイルにメモを記入していけば、その後の議事録の作成が楽になります。

1つのファイルを複数人が編集すると、意に沿わない変更が入る可能性もありますが、そんなときも、クラウド上はファイルの細かな変更が都度記録され、変更前に戻ることもできるので、安全なセキュアファイルとして保存できます。また、編集は不可能で閲覧だけ許可する共有も可能です。

私が特におすすめしたい機能は、URLによるファイル共有です。

オンラインストレージサービスは、インターネット上にあるウェブサイトにアクセスするように、クラウド上にあるファイルを共有するためのURLを発行できます。メールで送るのは難しい、大きな容量のファイルの共有にも便利です。

また、この機能はリスクヘッジにもなります。チャットならファイルを後から削除することも可能ですが、メール添付で間違ったファイルを送ってしまうと、修正したファイルをメールで送信して、「申し訳ありませんが、先ほどのファイルは削除願います」とお願いするしかありません。実際は削除されず、他社宛のファイルを見られる可能性も否定できません。

URLによる共有なら、そのファイルを消すか別のフォルダに移せばURLは無効になるので、ミスに気づいたら、まず共有できないようにします。その上で、正しいファイルをクラウド上に置いて新たなURLを発行し、「先ほどのURLにミスがありました。申し訳ありませんが、こちらをご確認ください」と連絡すればよいのです。すでにミスのあったファイルを見られている可能性はありますが、そうでなければ、間違ったファイルを見られずに済みます。

過去のファイルを確認する機会が多い方は、Googleドライブがおすすめです。クラウド上のファイルにもグーグルの検索能力を存分に発揮できます。

ファイル名による検索は、ローカルPC上や、インターネット経由で社内のサーバーに接続し、テレワークや拠点間通信を実現できるVPN（Virtual Private Network＝いわばインターネットの専用線）という接続でつながった共有サーバーでも可能です。しかし、Googleドライブは検索が圧倒的に早い上に、ファイルの中身の本文まで検索してくれます。この機能は本当に便利です。ゴミ箱に入れたファイルも検索可能で、該当するファイルがあった場合は「この検索結果に一致するその他のアイテムが［ゴミ箱］にあります」と教えてくれます。

私がこのようなオンラインストレージサービスの利点を説明すると、安全面の懸念を示されるクライアントが多くおられます。

しかし、実はオンラインストレージサービスを利用するほうが、圧倒的に安全なのです。社内のサーバーや従業員のPCが故障したら、データをサルベージ（引き揚げ・回復）できない可能性も少なくありません。一方、多くのオンラインストレージサービスは、複数拠点にサーバーを設置してそれぞれにバックアップを行い、1カ所のデータセンターが天災に遭ってもデータを保持できます。サービスによってセキュリティのレベルは異なるので、心配な方は安全面を重視してサービス選びをすれば十分です。

物理的な安全対策も、クラッカーやウイルスなどのデジタル面での安全対策も、世界的な大企業ならまだしも、一般的な企業と比べれば、オンラインストレージサービスのＩＴベンダーのほうが間違いなく優れています。むしろ、セキュリティを本気で意識するなら、積極的にクラウドを活用することをおすすめします。

「教える側の負担」を少なくするマニュアル共有

クラウドによるファイル共有は、ＩＴ導入の推進にも役立ちます。

ＩＴツールを導入したものの、使わない人が出るケースはよくあります。

しかし、ツールの導入は好き嫌いで選べるものではありません。企業のバックオフィス最適化には、該当する全従業員の使用が必須なので、必要な業務であることを説明して、しっかりと使い方を憶えてもらう必要があります。ただ、そのような理念は一度説明すればよいものの、使い方の具体的な指南は何回もしなければいけない場合も多いです。

とはいえ、そんなときに常に対応できる人がいるとは限りません。その対策として有効なのが、マニュアルの共有です。マニュアルを作成して、クラウド上で公開し、誰もが見て参考にしたり、内容を常時改善できたりするようにする。そして、その上でどうしてもわからない人は、チャットで担当者に直接助けを求める——といった運用にすれば、教える側の負担も少なくなります。使用している様子をスマートフォンで動画撮影して共有するのもよいでしょう。

グループウェアでマニュアルを作成・共有することも可能ですが、「esa（エサ）」や「kibera（キベラ）」といった専門の情報共有ツールや、「Teachme Biz（ティーチミー・ビズ）」などのマニュアル作成ツールを活用するのもおすすめです。

稟議・承認・決済を省力化するワークフロー機能

「ワークフロー」とは、反復可能な形で確立された業務上のフローのことですが、今日のビジネスシーンでは、特に書類を社内で回して、稟議・承認・決済を受けるためのやり取りを指す言葉として用いられるのが一般的です。

ここまで紹介してきたITツールの多くは、この狭義でのワークフロー機能を持っており、勤怠管理システムにおける残業の申請と承認、経費精算システムの用途や金額の承認などを大きく効率化してくれます。

このような特定のワークフローは、そのセクションでIT活用をすればよいのですが、それ以外でも社内で稟議書などを回す機会が多い企業の場合は、グループウェアのワークフロー機能を活用すれば、そうしたやり取りもすべてオンライン上で簡単に行うことができます。

また、それまで使っていたエクセルやワードのファイルをシステム上にそのまま乗せられる「WorkflowEX」や、ジョブカンシリーズの「ジョブカンワークフロー」など、ワークフロー単体のＩＴシステムも多いです。印鑑で知られるシャチハタの電子印鑑サービスの「パソコン決裁cloud」も、電子印鑑を押印したファイルをシステム上で閲覧できます。

さらに、クラウド契約サービスの「クラウドサイン」がジョブカンワークフローとのＡＰＩ連携を開始するなど、この流れは、社外とのやり取りにも広がっていくでしょう。社内での稟議から、取引先との契約までの全行程をシステム上で完結すれば、印鑑のためだけに出社するムダもなくなります。

会議室や部署単位でもできるスケジュールの共有・調整機能

その他に、グループウェアでおすすめなのは、スケジュールの共有・調整機能です。G Suiteを使用せずとも、GmailやGoogleカレンダーを日常的に使われている方は多いでしょう。

グループウェアを導入すると、社内の人間同士でカレンダーを共有し、スケジュールを管理できます。グーグルに限らず、グループウェア上で連携したメールやカレンダーツールを利用すると、メールで通知された予定をカレンダーに簡単に連携できます。メールの内容から発生した用事の候補日程をカレンダーですぐに確認し、「〇日〇時からのミーティング了解致しました」「候補日がすべて埋まっておりまして、〇日〇時ではいかがでしょうか？」などとすぐに返事できます。

グループで共有するカレンダーとも連携できるので、全社会議のスケジュールを、全社員用カレンダーに記入すれば、個人のスケジュールにも反映されます。よく利用されるのは、会議室用のカレンダーです。空きスケジュールの確認・予約が簡単にできるので非常に便利です。

ベストな運用方法は会社によって違う

前項の内容も含め、ここまでに挙げた機能はグループウェアでできることの一部分でしかありません。ぜひ、さまざまなグループウェアを見てみて、自社に合ったものを探してみてください。

また、繰り返しになりますが、1つのグループウェアを使えばいい、というものでもありません。たとえば多機能なG Suiteでも、ワークフロー機能は弱いといったこともあります。

この場合、ワークフローも効率化するには、考え方としては2つあります。

1つは、労務管理や勤怠管理などの各セクションに、ワークフロー機能に秀でたITツールを導入することです。

もう1つは、グループウェアとワークフローシステムの併用です。先ほど挙げたツールのほかにも、「Create!Web フロー」や「X-point Cloud（エクスポイントクラウド）」、G Suite との連携を売りにしている「rakumo」といったツールがあります。

また、「書類申請はほとんどないので、機能的には G Suite で十分」など、ＩＴ導入が必要な分野が限られている企業もあると思います。しかし、あるグループウェアが機能面ではきちんとニーズを満たしていても、運用面でも文句なし——とはなかなかなりません。チャット機能のあるグループウェアを導入しながら、Slack や Chatwork を使っている企業は数え切れないほどあります。

バックオフィス最適化を実現した企業の多くも、１つのコアグループウェアと他のグループウェア、ＩＴツールを組み合わせた運用になるのが一般的です。ベストの運用方法は、１００社あれば１００通りになるものです。

10 業務の基盤をつくる
――インフラ「ハードウェア・資産管理」編

インフラは、すべての仕事の根幹となる部分です。

市民生活において、電気ガス水道がまともに使えなければ、健康で文化的な最低限度の生活を送ることはできません。同じように、会社のインターネットで、通信制限に入ったスマートフォンくらいの回線速度しか得られなければ、まともな仕事になりません。

多くの経営者が気づかない「古いインフラ」のムダとリスク

しかし、その一方で、インフラの見直しに着手しない経営者は少なくありません。

その理由は、端的に「お金がかかるから」です。

これまでにご紹介してきたＩＴツールは、１人あたり数百円から数千円の価格で導入できます。それも積み重なれば立派な金額になるので「安い」と言いたいわけではありませんが、省力化の効果を給料ベースで計算すれば圧倒的にお得です。

しかし、インフラの整備には最低でも数十万円、企業規模によっては数千万、数億単位の費用がかかることもあるので、経営者はインフラ刷新に着手しづらいのです。とはいえ、および腰になるのも限度があります。**古いインフラを放置するあまりに、実質、通信制限のスマートフォンレベル、あるいはそれ以下の仕事環境になっているオフィスは多々あります。**

2020年1月、マイクロソフトのOS・ウインドウズ7のサポートが終了しましたが、その時点で2億台のウインドウズ7マシンが現役で稼働しているという推計もありました。まず大前提として、サポートの終了したOSの利用を止めるべき最大の理由は、セキュリティ面で重大な問題があるからなのですが、それは後述するとして、ここではハードウェアに注目して解説していきます。また、本項などのインフラについての内容は、「正しいインフラなくして正しい経営なし」をモットーとする村上陽介氏が監修しています。

古いPCを使うと、処理待ちのムダな時間が発生するだけではなく、重要なファイルの作成途中に固まってやり直し――といったリスクも大幅に増えます。そもそも最新のITツールが利用できない可能性もあります。

また、第1章で貧弱なインフラの例として「ウインドウズアップデートがある日の始業後は、

※ https://www.lanscope.jp/cat/product/asset/ より引用

全員でＰＣを立ち上げるとアップデートの終了に１時間かかる」企業を挙げましたが、インターネット回線の速度ではなく、ＰＣのスペックが理由でそうなる場合もあります（ＰＣの処理速度が遅いだけではなく、古いＰＣだと、高速回線であっても、その速度を最大限に発揮できません）。

加えて、ＰＣではなくルーターに問題があるケースもあります。回線速度が最大１Ｇｂｐｓの回線を契約しているのに、ルーターの最大速度が５００Ｍｂｐｓでは意味がありません。

インフラ刷新が止まっている企業の多くは、「何か問題が発生したら入れ替える」というルールを持っている場合が多いと言えます。

お金がかかるのはわかっている。インフラは必要不可欠だからそれはしょうがない。ただし、限界まで長く使いたい。という考え方です。

ここで私がお伝えしたいのは、その「問題」の定義が、大きく変わっている――ということです。

従業員側から見ても、社内のインフラは当たり前にあるものと思われがちです。最新のＰＣなら数秒で済む「ＰＣの立ち上がり」が遅くても、それは「儀式」のようなものだと受け入れてしまっているのです。

しかし、今は何となく受容されてきたムダが、企業に大きなダメージを与える時代です。まず単純に、かつては必要だったものの、現在は「解消できるムダ」になっている作業を放置すれば、生産性が損なわれます。「これまで通りの作業」は十分可能でも、その「これまで通りの作業」が「ムダな作業」になっている場合、それを従来通りに続け、ＩＴの進歩に乗り遅れること自体が「問題」なのです。

生産性を抜きにしても、勤怠管理の項目でお伝えしたように、残業時間の上限規制も変わり、２０２３年４月からは残業代の負担も増えます。**いかに従業員に効率的に働いてもらうかは、企業にとって喫緊の課題**です。インフラへの投資を惜しんだ結果、伸ばせるはずの売上を生産性の悪さで伸ばせずにいる上、残業代の発生も受け入れている、というのは、やや視野狭窄ではないかと感じます。

インフラの状況を把握する「ＩＴ資産管理」ツール

本書をきっかけにインフラの刷新を検討される企業に、ぜひ併せて導入してほしいのが「ＩＴ資産管理」と呼ばれるツールです。

従業員に支給したと思われるシールが貼られたノートＰＣを目にすることがありますが、アナログな資産管理でもやっているだけ立派です。資産管理が甘い企業は非常に多く、また、だからこそインフラ刷新のタイミングを掴めずに、古いインフラを使用し続けてしまうのです。
そんな資産管理も、ITシステムで行うことができます。IT資産管理ツールの「LanScope Cat（ランスコープ・キャット）」は、「IT資産管理」を次のように定義しています。

IT資産管理とは、パソコンやサーバーなどの「ハードウェア」、システムやライセンスなどの「ソフトウェア」、プリンタや複合機などの「周辺機器」、メモリーカードやUSBなどの「記憶媒体」、そしてケーブルや無線LANなどの「インフラ」といったIT関連の資産を管理することを指します。これらが適切に管理されていればパソコンが余っているにも関わらず新品を購入してしまうことや、不必要なソフトウェアを購入してしまうといった無駄な投資を防ぐことが可能です。コスト削減や業務効率化を目指している企業にとって大きなメリットとなるのは言うまでもありません。
また近年はライセンス監査や労働管理のようなコンプライアンス違反を回避するためにIT資産管理システムを導入する企業が増えています。

このようなIT資産管理ツールを活用すれば、社内PCのスペックなども可視化できるので、機能的に陳腐化したら買い替える、といった判断をしやすくなります。

LanScope Catのほかには、日本発のサービスとしてはナンバーワンシェアの「SKYSEA Client View（スカイシー・クライアント・ビュー）」や「MaLion（マリオン）」といったツールがあります。

そして、ＩＴ資産管理ツールはセキュリティ面において最も効果を発揮します。その説明は次項に譲ります。

コラム

ウインドウズアップデートと社内サーバー

インフラで、地味に多くの企業を困らせているのが、ウインドウズアップデートです。

村上氏によれば、クライアントに「PCをすべて入れ替える余裕があるなら、Macにしてしまうのもひとつの手です」と提案することもあるほど、多くの現場で問題が発生しています。

もちろん、「マイクロソフトが悪い」と言いたいわけではなく、使い手のリテラシーによる部分が大きいのですが、たとえばウインドウズアップデートが来たら、多くの場合、私たちは、手動ながら、ほぼ自動的にアップデートしてしまっているのではないでしょうか。

軽いアップデートならそれでもよいのですが、たまにダウンロードするファイルのサイズが大きく、インストールに時間がかかる「大型アップデート」と呼ばれるものがあります。

PCのスペックが低く、回線速度も遅い会社で一斉にそれをやってしまうと、1時間以上アップデートが終わらないことすらあります。

私たちのような専門家は、そのものズバリの相談ではなく、「バックオフィスを最適化したい」といった大枠でご相談を受けることが多いのですが、「インターネットが遅くて改善したい」と相談されてお話を伺うと、「それはインターネット回線ではなく、ウインドウズの問題かもしれません」となるケースも少なくありません。

また、ウインドウズ10以降は、実質「これってウインドウズ11や12では？」と言えるような大きなアップデートが多く、場合によってはアップデートすると使用できなくなってしまうソフトウェアもあります。アップデートする前に戻ることも可能ですが、それにもかなりの時間がかかります。

そのため、まず大前提として、**「ウインドウズアップデートは自動的に行わない」ことを社内で共有すること**が大切です。

その上で、ＩＴに詳しい人の意見を聞くなどする。さらに「アップデートしてＯＫ」と判断されても、全員で一斉にはせずに、時間をずらしたり、外出中や休憩時間に実施したりするなどして、社内の通信量を抑えることを意識してください。

基本的に、ウインドウズによる問題が起きていた企業にできるアドバイスは、以上のようなものになるのですが、社内サーバーのある企業の場合、もう一歩踏み込んだ対策ができます。

それが、ＷＳＵＳの導入です。「Windows Server Update Services」の略で、マイクロソフトが提供しているサーバー用のソフトウェアです。このソフトウェアを社内サーバーに入れると、ウインドウズアップデートを社内サーバーから行うことができます。

ウインドウズアップデートがある場合、普通ならマイクロソフトのサーバーにアクセスして、それぞれのPCにアップデート用のファイルをダウンロードしますが、WSUSがあれば、マイクロソフトのサーバーから、アップデート用のファイルを社内のWSUSサーバーにダウンロードできます。そして、社内の各PCのアップデートは、WSUSサーバーからファイルを受け取って行うので、一斉にアップデートをしてもインターネット回線を占拠せずに済みます。

そして、WSUSの最大のメリットは、社内の全PCのウインドウズアップデートを管理できることです。アップデートを禁止すれば、各PCでアップデートを試みてもできません。グループごとの管理もできるので、「セキュリティ的には行いたいアップデートだけど、経理部の使っているソフトウェアが非対応だから、対応されるまで経理部は後回しにしよう」といった調整が可能となります。

するべきではないアップデートを防げる効果は非常に大きいので、サーバー導入費用が発生するとはいえ、従業員数が50名以上の規模の企業なら、導入されることをおすすめします。

費用的には、サーバー購入費用が50万～100万円。設定を専門家に頼むなら20万～30万円くらいかかります。一度初期設定をして走り出したら、いじる部分はほとんどなく、保守費用は月額5000～1万円程度を見ておけばよいでしょう。

11 信用・信頼を手にするために ——インフラ「通信・セキュリティ」編

続いては通信と、それにまつわるセキュリティについて説明します。

ITシステム、クラウドを活用すると必然的に通信量が増えるので、通信環境が貧弱な場合、すべてのやり取りが遅くなってしまいます。IT導入を推進する際には、まずPCやルーターなどのハードも含めた通信環境を確認してください。よくあるのは、少人数で始めた企業で家庭用の光ファイバーを契約し、人数が増えると通信が重くなるパターンです。インターネット回線は初めから法人用を契約しましょう。

個人ごとにデバイスの権限や制限を使い分ける

インターネット通信のあるところ、必ずセキュリティの問題が発生します。

仕事用のPCやスマートフォンにアンチウイルスソフトを入れるのは大前提として、**多くの中小企業が軽視しているのが、資産管理のセキュリティ**です。正直なところ、まったく問題としていない企業も少なくありません。

先ほど説明したＩＴ資産管理ツールを活用すると、①「デバイス等の利用の管理・制限」と②「ログの記録・追跡」が可能になります。

①は、従業員Ａは、このＰＣとこのスマートフォンしか使用できない――といった管理や制限です。利用できる時間帯なども決められるので、ノー残業デーなどの運用もできます。さらに、もっと細かく「認可されていないこのソフトウェアは使えない」等の制限も可能です。「このＰＣでＵＳＢメモリの使用やＤＶＤへの書き込みはできない」といった制限もできるので、退職時などの情報漏洩も防止できます。

②は、ＩＴ資産管理ツールに紐付けられたＰＣやスマートフォンのログを取り、後で確認できる機能です。何かあったときの原因を探れます。たとえば、「このメールの添付ファイルを開いてウイルスに感染してしまった」とか、「このウインドウズアップデートで、あのソフトウェアが使えなくなってしまった」といった点をチェックできます。

ＩＴ資産管理とセキュリティについて考えるなら、従業員のスマートフォン利用についても真剣に検討する必要があります。

特に中小企業の場合、多くの企業がスマートフォンの運用ついて特にルールを定めていません。そして、従業員が個々人の判断で、効率化のためにＰＣと私物スマートフォンを併用することも多いのではないでしょうか。

このような使い方は、セキュリティ的にほめられたものではありませんし、スマートフォンからも利用できるさまざまなＩＴツールを導入しようと考えるなら、最低でも明確な運用ルールを決めておく必要があります。

理想は、「ＭＤＭ（Mobile Device Management）」と呼ばれるＩＴ資産管理ツールを用いることです。これは、スマートフォンなどのモバイル機器を管理するためのツールですが、ＰＣを含めて広くデバイスを管理できるツールもあれば、ＭＤＭに特化したツールもあります。

できることには幅があるので、導入を検討する場合は、ベンダーや専門家のサポートを受けることをおすすめします。また、ルールの策定も自社でイチから手掛けるのは大変かもしれません。多くのＭＤＭに、特定のアプリのみの使用許可、アプリのインストールの許可や不許可、紛失したスマートフォンのデータ削除・初期化などの機能は共通しているものの、私物スマートフォンで、そのような制限やデータ削除を認める条件を従業員と折衝するのは簡単ではありませんし、ルールを定めた後も、その通りに運用するのに骨が折れるかもしれません。

この点を踏まえると、バックオフィス最適化にスマートフォン活用が必須になる場合は、費用はかかりますが、ＭＤＭの機能や設定をつぶさに検討した上で、ＭＤＭを導入したスマートフォンを新規購入し、従業員に支給するのが最も間違いのない方法です。

です。

中小企業での「情報漏洩対策」の考え方

純粋に資産管理をするだけなら、ＩＴ資産管理ツールを入れて、情報が可視化されました――でＯＫです。しかし、セキュリティ対策としては、先ほどの①や②の実現だけでは不十分です。

情報漏洩対策とは、「漏洩防止」だけの話ではありません。極端なたとえですが、世界一のクラッカーに破れないセキュリティなどほとんどありません。情報漏洩自体の可能性を完全にゼロにするのは、少なくとも中小企業レベルでは不可能と言えます。

大切なのは、漏洩防止に努めるだけでなく、情報が漏れてしまったときに「漏れた原因や、漏れた先を追及できる」環境があることです。これなくして「情報漏洩対策ができている」とは言えません。

そして、このような対策は、経営者や経営層だけの努力では成し得ません。安全性を高めるには、システム運用も大切ですが、使う人による部分も大きいのです。社内のリテラシーを高める、セキュリティ教育や講習の機会を設けることも大切です。

たとえば私物のＰＣを使うにしても、仕事に使うなら、必ずロックを入れて認証が必要なようにして、ファイルは仕事用のオンラインストレージサービスのクラウド上に保存すれば、情報漏洩の危険性も大きく下げられます。

また、そのような教育に力を入れるなら、その努力を外部にアピールしましょう。

事業者の個人情報の取扱いを評価し、基準を満たす事業者に使用が認められる「プライバシーマーク（Pマーク）」の取得や、情報セキュリティを管理する国際的な仕組みである「情報セキュリティマネジメントシステム（Information Security Management System＝ＩＳＭＳ）」の認定などを目標とし、勉強する機会を設けてください。

外資系の企業との取引には、ＩＳＭＳの認定を受けているのがほぼ必須条件となるので、そのような点からも注意が必要です。

重要な「パスワード」を適切に管理する

パスワードマネージャーの導入も、セキュリティ対策として重要です。

特に本書で紹介するＩＴツールをいろいろと活用する場合、その分多くのパスワードを設定することになります。パスワードを使い回すと、情報漏洩が起きた場合、悪用する側は総当たりでパスワードを試す攻撃を行います。同じパスワードの他のＩＴツールにログインされてしまう可能性が格段に高まるので、セキュリティ的には非常に問題がある対応です。

かと言って、独立したパスワードを使う代わりに、簡単に記憶できるものにしてしまうと、それはそれでクラッカーが試すワードと偶然合致する可能性があります。

ですから、基本的にはランダム性の高い文字列をパスワードにして、なおかつ利用ツールごとに変更すべきですが、そのパスワードを管理して都度入力するのも大変です。とは言え紙に書いてPCやデスクに貼っていては、そもそもセキュリティ対策としての意味を成しません。

そこで役立つのが、ログインが必要なウェブサイトやツールごとにIDとパスワードを記憶し、必要に応じて呼び出してくれるパスワードマネージャーです。

中でもおすすめしたいのが、「SSO（Single Sign On）」と呼ばれる機能を持つツールです。SSOのIDとパスワードの認証が済んだら、登録しているすべてのウェブサイトやツールでIDとパスワードの入力が不要になります。SSOのパスワード流出における危険性はありますが、多要素認証の機能を持つツールもありますし、少なくとも個人でパスワード管理をすることに比べれば、圧倒的に高い安全性を実現できます。

また、クラウドベースのパスワードマネージャーには、登録されているIDを管理者が制御できる機能もあります。この機能があれば、退社した従業員のIDとパスワードを削除することも可能となります。

セキュリティ対策としても重要な上に、従業員のムダな時間を削減する効果も大きいので、ぜひ導入をご検討いただきたいツールです。

12 コロナで「強制的」に重要性が上昇 ――インフラ「テレワーク」編

本章の最後に、新型コロナウイルスの影響を受けて、大きな注目を集めているテレワークについて説明します（具体的にはインフラではなく、ITツールが担う部分もあります）。「テレワーク」とは、「遠隔（tele）」＋「仕事（work）」で、職場という場所に縛られない働き方のスタイルを意味します。「リモートワーク」なども呼ばれます。

そのための要件があるわけではないので、最もシンプルなテレワークの実現方法は、（デスクトップの場合は難しいものの）会社のPCを持ち出して仕事をすることだと言えます。この方法の場合、PC紛失のリスクが非常に大きいため、そのような事態が起きたときに、外部の人間がPCを操作できないように、IT資産管理ツールを導入したいところです。

テレワークを安全に行うためのリモートデスクトップ

テクノロジーを活用するテレワークとしては、「リモートデスクトップ」や「仮想デスクトップ」の活用が挙げられます。

リモートデスクトップは、その名の通り、会社のPC（ホストPC）を、別のノートPCなどでリモート操作するやり方です。

仮想デスクトップは、社内にサーバーを設置して、その中にあるデータ上のPCを、別のデスクトップPCや、ノートPCから操作するやり方です。近年はクラウド型の仮想デスクトップサービスなども誕生しています。

これらの方法でテレワークをするなら、まず必要となるインフラへの投資が、前述した「VPN接続」の確立です。

理屈だけで言えば、単なるインターネット回線があれば、リモートデスクトップや

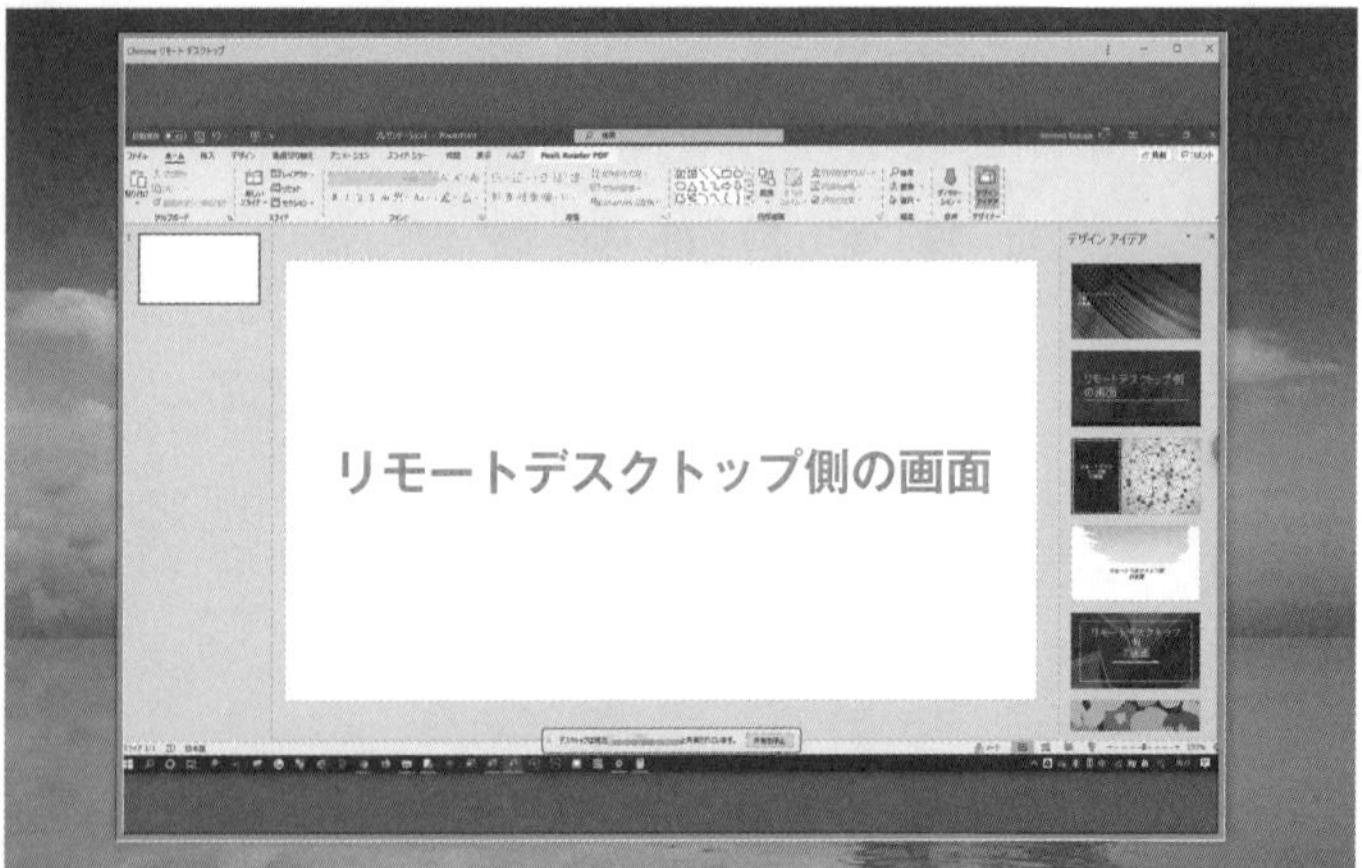

仮想デスクトップの利用は可能です。しかし、その回線は数え切れないほどの人が利用しています。セキュリティ的には、他の回線利用者も接続可能な回線でリモート接続するのはＮＧです。セキュアな通信をするにはＶＰＮ接続が必要不可欠です。

そして、ホストＰＣや仮想デスクトップを操作する「クライアントＰＣ」も必要です。従業員の私物ＰＣでの利用も可能ですが、そのＰＣに会社の情報が残り、漏洩するリスクを考えれば、会社から支給するのがベストです。

ちなみに、仮想デスクトップ等のリモート操作に特化した「シンクライアント」と呼ばれるＰＣもあります。シンクライアントＰＣを支給すれば、安全性はより高まります。

また、リモートデスクトップや仮想デスクトップにしても、ＩＴ資産管理ツールは必須です。ＩＴ資産管理ツールや、仮想デスクトップツールの設定で、基本的にクライアントＰＣにはデータが残らないようにすることもできます。**私物ＰＣの使用を許可する場合は、情報漏洩が極力起こらないような設定をするのが重要**です。

ファイルの扱いもセキュリティ管理の一部です。オンラインストレージサービスを利用する企業では、テレワークに関係なく、ファイルをクラウド上に置くルールにすることが多いようです。仕事用のファイルがクラウドにあれば、管理者がアクセスをコントロールできます。

ちなみに総務省は、「テレワークセキュリティガイドライン（2020年6月現在で第4版）」を発表しています。セキュリティの考え方や、本書では割愛したテレワークの方法（セキュアブラウザの利用等）も紹介されています。

中小企業にとってサーバーより使い勝手のいいクラウド

もう1つ、投資が必要になる可能性があるのがサーバーです。

本書は基本的に、20名~数百名の企業を念頭に書いていますが、自社にサーバーがない企業もあると思います。しかし、IT資産管理ツールのSKYSEA Client Viewのように、比較的大きな企業向けで、サーバーがなければ運用できないツールもあります。

なぜなら、IT資産管理は社内のPCやスマートフォンを管理するだけではなく、ログを取る必要があり、通信量が多いためです。LanScope CatやMaLionなどはクラウド版のツールもありますが、クラウドサーバーの通信量が多いので、管理台数が50台から100台くらいという制限があります。

セキュリティ対策ができていない企業は取引先の信用も得られないので、それ以上の規模に拡大しそうな企業は、サーバーへの投資を惜しまず、サーバーとIT資産管理ツールを導入されることをおすすめします。

ただ、50人以下で人数が増える予定のない企業なら、極力クラウドベースの運用を考えるべきだとも考えます。

サーバーの購入・設定費用、保守費用などが発生しないメリットもありますが、何より、クラウドベースの運用の場合、サーバーのセキュリティ対策をプロフェッショナルであるベンダーが担う安心があります。先述したように、仮想デスクトップによるテレワークも、クラウド型のサービスがあるのでサーバーなしでも運用可能です。

失われたコミュニケーションを取り戻すツール

本書をお読みの方々の中にも、この春からテレワークを始めた方もいるに違いありません。テレワークのほうが高い生産性を発揮する方もいますが、なかなか慣れずに苦労されている方も多いのではないでしょうか?

私が実際に話で聞いたり、報道などで見聞きしたりした問題点は、次のようなものです。

- 雑談などの業務とは関係ないインプットが、仕事のヒントや、ストレス解消になっていた
- 周囲の目がないと緊張感がなくなってしまう

前者の悩みを抱える企業は、「Remotty（リモティ）」や「Sococo（ソココ）」などの仮想オフィスツールの利用を検討してもいいかもしれません。

「仮想オフィス」とは、文字通りツールの中に仮想のオフィスを設置して、そこに従業員が集うサービスを意味します。テレワークで失われがちなコミュニケーションや人の存在感を感じやすくして、雑談や声かけ、相談などがチャットだけの通信よりも発生しやすくなる効果があります。Zoomなどのウェブ会議で雑談チャンネルをつくり、その音声を流したまま仕事をする方もいます。

仮想オフィスやウェブ会議を積極的に活用する企業の場合、後者の悩みについては、上司が若手に積極的に「どこまでできた？」などと声掛けするとよいでしょう。

また、テレワーク向きの勤怠管理システム「F-Chair+（エフチェアプラス）」を導入する、といった対策も考えられます。F-Chair+は、従業員がPCのデスクトップ上で「着席」と「退席」のボタンを押すことで勤務時間を管理できるツールです。上長は個々の従業員の着席状態もチェックできます。

それだけなら、仕事をしていなくても着席を押せばいい、と思われるかもしれませんが、時間は完全にランダムで、デスクトップをキャプチャする機能を備えているので、着席を押しながら仕事をしていない従業員はすぐに発見されます。一見、監視の側面が強いように思われるかもしれませんが、着席中の時間の集計をしているので、お子さんを見たり、ときどき離席したりする必要のある方でも、しっかりと働いた時間を記録・証明できるため、従業員側から見てもメリットのあるツールと言えます。

ちなみに、多くの企業は満を持してテレワークを導入したわけではなく、新型コロナウイルスの影響でなし崩し的に始めているため、システム面の不備も目立つようです。

日経 BizGate の記事によると、日本CFO協会が2020年3月18日から4月3日にかけて、上場企業の経理・財務幹部577人に行った「新型コロナウイルスによる経理財務業務への影響に関する調査」によると、2~3月にかけて約7割がテレワークを実施したものの、その中の41%が出社する必要に迫られたそうです。

その理由の第1位は「請求書や押印手続き、印刷など紙データの処理」で、テレワーク中の企業は、ルールづくりやツール整備の状況を鑑みて実施を決めたそうですが、それでも紙の書類のデジタル化が済んでいる企業は36%に留まっています。経理・財務は在宅でも比較的仕事がしやすい部署でしょうから、他の部署の場合、テレワーク中にやむなく出社した経験がある、という割合がより多いのではないでしょうか。

今回の事態は公衆衛生上の必要に迫られてのことで、ある程度は仕方のない部分もありますが、従業員を守るためにも、アナログの印鑑を廃止したり、本書で紹介するITツールを活用したりすることで、「たまの出社はしょうがない」と考えるのではなく、今からでもムダな出社がゼロになるように努める経営者が、一人でも多く増えることを心から願います。

コラム ポストモダンERP

IT導入に踏み切れない理由として、数千万円、あるいは億単位のお金をかけた基幹システムを使用しているから――というものがあります。

しかし、そのシステムの利用を止めても、開発費用は返ってきません。そのような埋没費用に囚われてしまうことを「サンクコスト・バイアス」と言います。

今のITツールの進歩は大変なものがあるので、多くの場合、そのような考えの経営者はバイアスに囚われており、実際はITツールに移行したほうが効率的なケースが多いです。

一方、技術が進歩しても、やるべきことがあまり変わらず、自社向けに設計・カスタマイズされた基幹システムがまだまだ活躍するシチュエーションがあることも事実です。

そこで意識したいのが、近年注目されている「ポストモダンERP」という考え方です。

ERP＝Enterprise Resources Planningとは、企業の資源を総合的に管理する手法や計画を意味し、その計画を実現するためのソフトウェアにも用いられる言葉です。本来は基幹システム＝ERPとは限らないのですが、近年の企業が必要とする基幹システムは、実質的にER

Pになるため、本項でもERPと記します。

開発に多大な時間と費用がかかるERPは、保守にも多額の費用がかかります。埋没費用が返ってこないだけならともかく、最新のITツールの活用より、ERPの維持のほうが高コストな可能性すらあるでしょう。

ITやビジネスの専門家は、そのような長い時間、高い費用を必要とするERPを、これまでと同じように運用するのは難しいと考えています。時代の変化、技術の進歩のスピードが、ERPの足並みと合わなくなっているのです。

そこで生まれたのが、**新しいテクノロジーを取り込み、組み合わせて運用することで時代の変化、自社に必要な要件に対応する「ポストモダンERP」**なのです。本書でも、複数のITツールやグループウェアを組み合わせて運用することを繰り返しお伝えしていますが、1つのERPですべてを解決しようとするのは、正直に言って無理があります。

とはいえ、全体的にはレガシーなERPでも、現役で使えるコア機能もあります。この場合、その機能は使い、その他の機能はITツールに移行する——といった形で、ERPと最新のツールを組み合わせるケースもあります。

また、しばらくは陳腐化しないだろう分野を見定めて、新しくERPを開発・導入することも考えられます。クラウドが基本のＩＴツールでも、オンプレミス（社内にＩＴシステムを持ち、自社で運用するシステム形態）のオーダーに対応するサービスも少なくありません。そのようなオンプレミスのシステムを使いつつ、クラウドのシステムも併用する運用方法は、まさにポストモダンＥＲＰです。

他にも、あるＩＴツールのイチ機能をポストモダンＥＲＰ的に活用する方法もあります。私が実際に手掛けた事例では、ある企業のＥＲＰの会計機能はそのまま使用して、マネーフォワードの「クラウド会計（ＭＦ会計）」と「クラウド請求書」を導入したことがあります。

ＭＦ会計は、銀行口座との自動連携機能

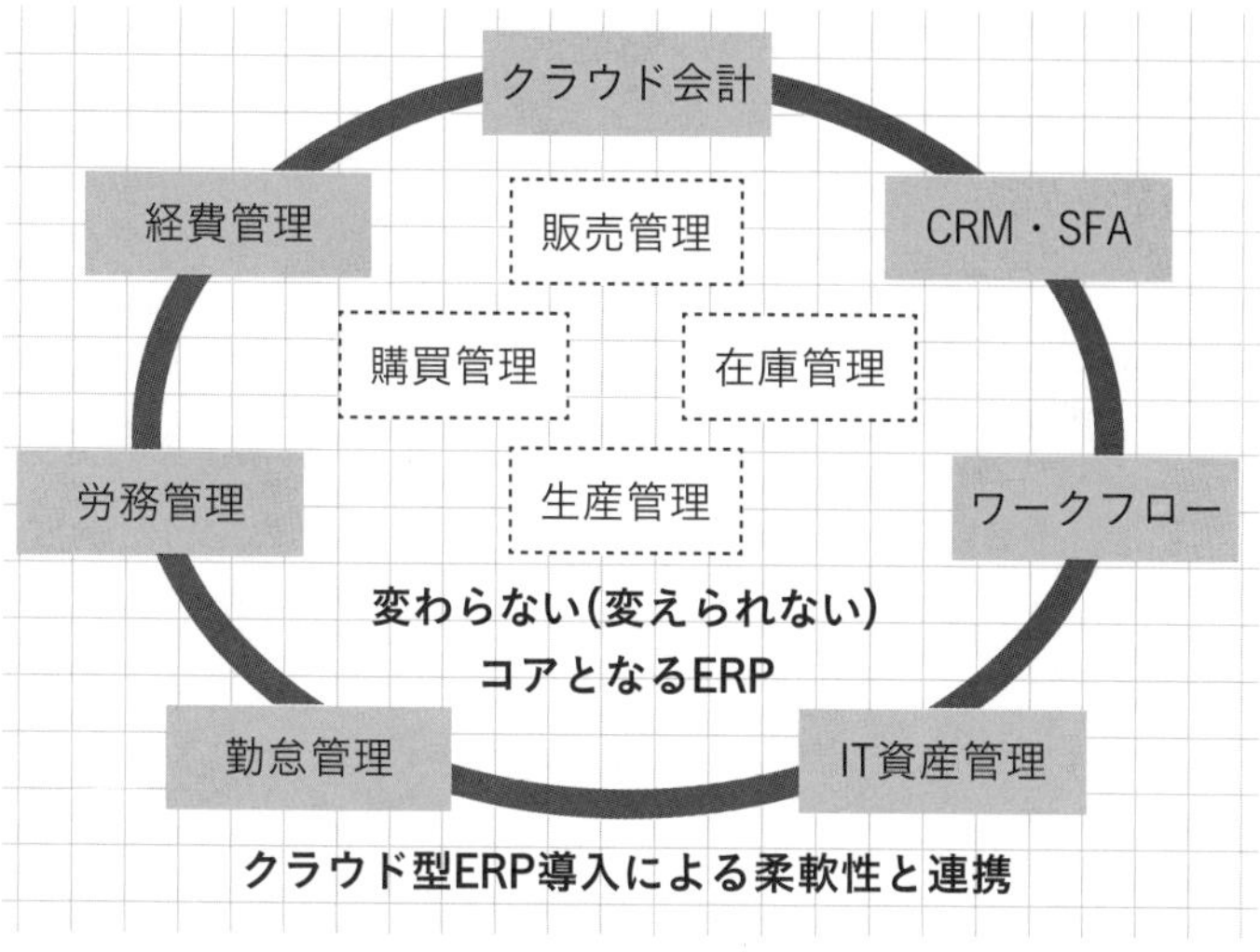

図表 10 ポストモダン ERP の構想例

があります。そのため、この2つのITツールを使うことで、入金を請求と紐付けて確認する消込作業が容易になります。税理士が確定申告に使用する会計データはERPに入力しつつ、そのための確認作業を省力化するために、同じ会計機能を持つITツールを導入したのです。

使える機能は使うことも大切ですが、レガシーなERPを使っている企業のみなさんは、ぜひサンクコスト・バイアスに囚われることなく、ポストモダンERPを意識して、理想のバックオフィスの運用方法を検討してみてください。

第3章

「顧客」の軸で見直す

1 「顧客」軸の全体像はこうなっている

前章の「従業員」軸に引き続いて、この第3章では、「顧客」軸のIT活用について見ていきます。その名の通り、顧客と接する従業員が関係する要素もあるため、企業によってはバックオフィスだけでなく、フロントオフィスもカバーすることになります。

ここでも、まずは図表5に示した全体の概要から簡単に説明し、その後、個別の項目を解説していきます。

名刺管理

顧客管理は、大きく名刺管理と営業管理と販売管理からなります。

図で別枠のウェブマーケティングと店舗を除くと、顧客との接点は名刺交換から始まります。履歴書と同様に個人情報のかたまりである名刺を雑に扱うわけにはいきませんが、枚数が増えると管理は難しくなります。

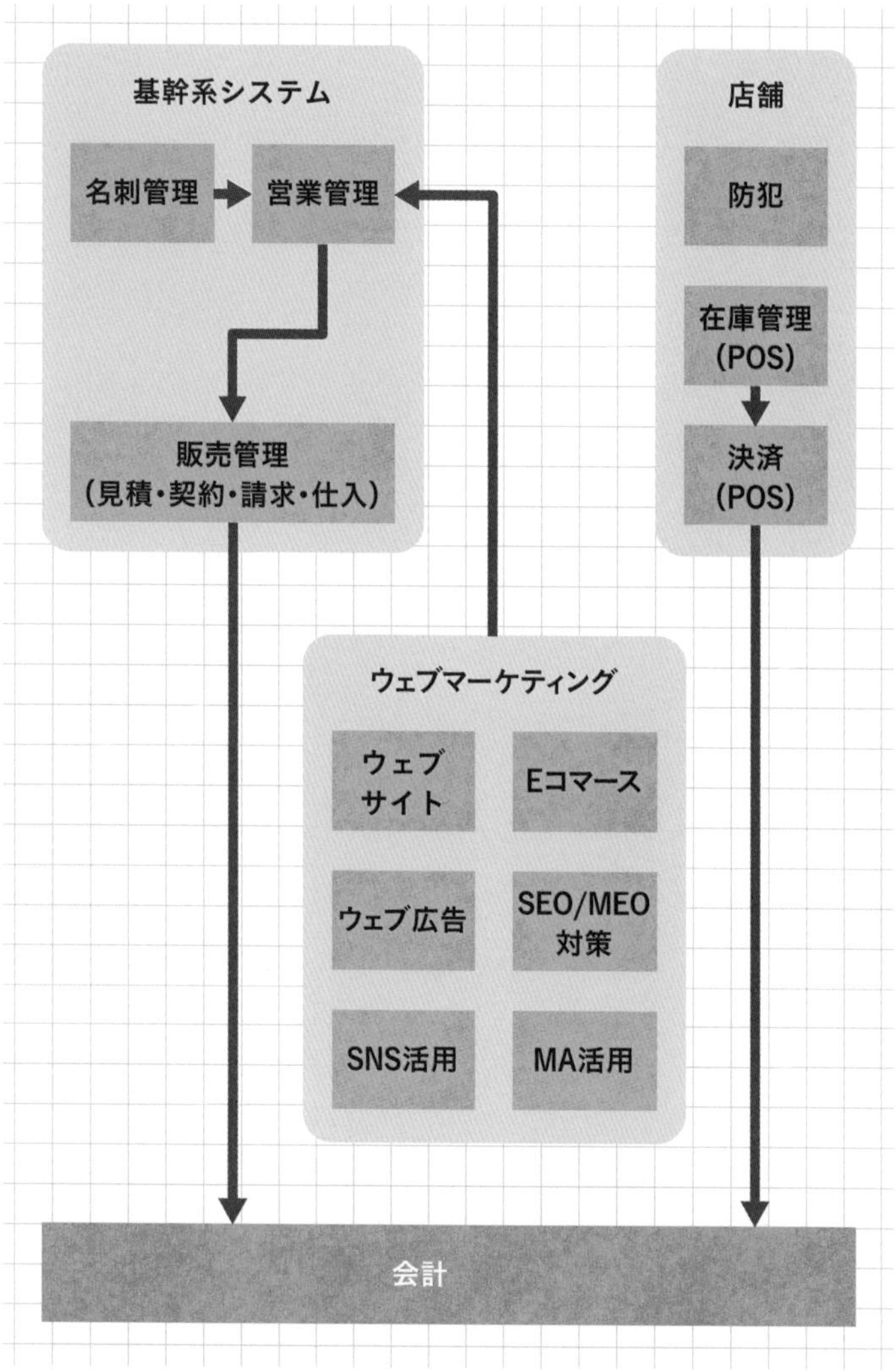
基幹系システム
名刺管理
営業管理
販売管理
（見積・契約・請求・仕入）
店舗
防犯
在庫管理
（POS）
決済
（POS）
ウェブマーケティング
ウェブ
サイト
Eコマース
ウェブ広告
SEO/MEO
対策
SNS活用
MA活用
会計

図表５ 顧客の軸（再掲）

営業管理

名刺交換等から顧客と接点を持った後、その情報を適切に管理し、売上をアップさせるために必要な施策を検討・実施するのが営業管理です。

第1章で触れたように、この営業管理は企業の売上を大きく左右します。しかし、中小企業では「管理」と言うほどの施策はなく、営業担当者の頭の中ですべてが完結しているケースが多いと言えます。そのように属人的で「名人芸」のような取り扱いになっている情報や、その進捗を可視化し、社内全員で共有できる財産とするのが営業管理の目的です。

販売管理

営業活動がある程度進み、「見込み客」から、実際に商品やサービスを購入してもらえそうな「顧客」となった取引先に対する業務の管理です。

ここで言う「販売」とは、見積もりを出し、契約して、在庫の必要な商売・サービスの場合は、必要に応じて仕入れもして納品、最後に請求するまでの一連の活動を指します。

会計

売上が立ったり、入金が行われたりと、顧客軸でも、さまざまなお金等のやり取りが行われます。それらの情報が最終的に入力されるのが会計ソフトです。

ウェブマーケティング

20世紀までは、ＢｔｏＢのビジネスを行う企業なら、名刺交換がほぼすべての営業活動のスタートラインでしたが、近年はウェブサイトやＳＮＳが最初の接点となるケースも増えています。見方を変えると、すでに自社で意欲的にウェブマーケティングに取り組む企業にとっては、ウェブマーケティングも営業管理の一種と言えるでしょう。

しかし、そうではない企業にとっては、日常業務へのＩＴ導入と同様に、「必要性は感じるものの、専門性が高く手が出しにくい」領域であるため、本書でも項目を分けて説明します。

店舗管理

小売やサービスの提供を実店舗で行う企業の場合、店内で行われる取引もまた会計につながります。

その他にも、よく来店してくれるお客様の情報はしっかりと営業管理するべきですし、ＩＴ活用によって効率化できる業務は多く、その重要性も高いと言えます。

2 顧客や取引先の情報が見つからない、思い出せない、活かせない――名刺管理

本章でも、よくある問題点とＩＴ活用による解決方法を、セクションごとに解説します。まずは名刺管理の問題点から。

問題点① 個人でアナログな管理をしており、同じ人の名刺を複数人が持っている
問題点② いつもらった名刺か、どんな人かが思い出せない
問題点③ 名刺の登録・管理が面倒

名刺の管理は、①のように営業担当者などの個人ベースで行われがちです。

そのため、すでに取引のある企業に、それを知らない別の社員が営業をかけてバッティングしてしまうこともありますし、メインの営業担当者がすでにいる取引先の名刺を、複数の同僚が持っていることもあります。

また、情報が共有されていても、名刺そのものの管理は、デスクの引き出しの中などで雑に

行われている場合が多いでしょう。欲しい情報がすぐ参照できないので、引き継ぎの際に新担当者に渡したい名刺もなかなか見つけられません。

名刺そのものは丁寧にファイリングして管理している方もいますが、「名刺そのもの」を管理していても、②にあるように付随する情報は管理できていないケースが多いと感じます。

その名刺をいつもらったのか、その方はどんな立場の方だったか、どんな話が盛り上がったのか。そのような情報を参照できないと、せっかくの名刺交換も形だけの儀式に終わり、営業管理に使える財産にはなりません。

そして、②を防ぐため、デジタルを組み合わせて名刺管理を行う人が陥りやすいのが、③の問題点です。

名刺はファイリングして、個人情報や名刺にないデータもエクセルに細かくまとめ、名刺の実物は見なくても済む状態にしている——。ただ、このような管理をしていても、一度登録した後の更新をまめにできないと、異動や昇進の情報がフォローできず、情報が陳腐化してしまいがちです。場合によっては失礼を働いてしまう可能性もあります。

①「個人でアナログな管理をしており、同じ人の名刺を複数人が持っている」の解決方法

名刺管理システムを活用すると、簡単なデータ化とペーパーレスを実現できます。名刺をスキャンすれば、99％以上の精度でＡＩがデータ化してくれます。検索も簡単にできるので、名刺の山から必要な1枚を探す必要もありません。

また、第2章で履歴書のデータ化について触れましたが、履歴書ほどではなくとも、名刺も個人情報のかたまりで、セキュリティ的にもクラウドのシステム上で管理したいところです。

そして、名刺管理システムの最大の強みは、名刺の情報を組織の財産にできる点です。

今、個人用の名刺管理システムの「Eight」を利用している読者の方々は、先に述べた機能などを実感されて、非常に便利なアプリだと思われているに違いありません。Eightは自らＳＮＳだとも名乗っているように、1つの名刺データから、他の方の名刺データにどんどんつながって、仕事に役立つような形で人脈を可視化できます。

これが、名刺管理システムの最も重要な機能と言えるのですが、企業向けの名刺管理システムは、Eightのような情報の可視化、ネットワークの形成を社内全体で実現できます（Eightも「法人向けプレミアム」という機能を使えば、社内で情報共有できます）。同じ方のデータを組織で共有・参照できるので、営業のバッティングなども起こらず、情報共有も驚くほど簡単にできます。

②「いつもらった名刺か、どんな人かが思い出せない」の解決方法

名刺をデータ化するときに、名刺交換日も紐付けて登録できる上に、メモ機能で、その日の話した内容、商談の手応えなどの情報も追加して記録できます。個人的な利用においても大切な機能ですが、雑談中に野球の話題で盛り上がったら、そのことをメモしておいて、元高校球児をメンバーに加える——といった形で情報を記録して共有することで、社内全体の営業力もアップできます。

③「名刺の登録・管理が面倒」の解決方法

クラウド内に保管されたデータと同じ人の名刺が、社内で新たに登録されることがあります。その際に「名寄せ」によって同一人物とＡＩが判定した（確実ではないときは、利用者にアラートを出して目視で確認・承認させる機能もあります）人の名刺は、同一人物のデータとして蓄積されていきます。異動や昇進、メールアドレスの変更などがあればデータも自動で上書きされるので、最新情報とは限りませんが、データの更新・確認が簡単にできます。さらには、日本経済新聞や帝国データバンクと連携し、それらのデータベースで昇進等が確認できれば、最新の名刺がなくても情報を更新できるツールもあります。

感謝状や年賀状などを手配する人は、肩書きを間違えると大変な失礼になるので、大抵の場

合名刺の情報だけでは安心できず、追加調査をして宛先を作成するものですが、そのような手間も大幅に減らせます。

そして、このような形で社内の名刺データがどんどん蓄積していくと、単なる名刺データが、売上アップにつながる財産になっていきます。しばらく縁がなかった相手でも、昇進を知ったタイミングなら連絡しやすくなります。それが新しい取引につながるかもしれません。

また、その人の最新情報だけでなく、過去の名刺データも閲覧できるので、かつての所属部署、昇進ペースなども確認できます。今の部署に来るまでは、自分と同じ分野の仕事をしていた――といった共通点が

現状の問題点	ITで解決されること
個人でアナログな管理をしており、同じ人の名刺を複数人が持っている	名刺をスキャンすれば、99%以上の精度でAIによってデータ化され、名刺情報を組織で共有・参照可能になる
いつもらった名刺か、どんな人かが思い出せない	名刺交換日の記録やメモ機能によって、その日に話した内容をデータ共有することが可能になる
名刺の登録・管理が面倒	データベース共有で先方の追跡調査が可能になる

図表 11　名刺管理の問題点と解決

発見できると、コミュニケーションも進めやすくなります。

サービス紹介

Eight 企業向けプレミアム

先述した、名刺管理アプリとして国内ナンバーワンシェアを誇るEightの法人版です。個人でEightを使って登録していたデータをそのまま援用できるので、Eightユーザーの多い企業の場合、導入の手間が少なく済みます。名刺交換はしたけれど、プライベートな付き合いがメインになっている人のデータ等を選別して、同僚とは共有しないようにする設定も可能です。

Sansan（サンサン）

Eightも手掛けるSansan株式会社のサービスで、法人向け名刺管理システムとしては国内ナンバーワンシェアです。「名刺を企業の資産に変える」とうたっており、単なる名刺管理に留まらず、次項で説明する営業管理システムとしての機能も多く備えています。

CAMCARD（キャムカード）BUSINESS

世界で1億人以上のユーザーを誇る名刺管理アプリ「CAMCARD」の法人版です。OCRソフトの性能に強みがあり、スマートフォンで撮影した名刺を数秒でデータ化できます。

名刺管理システムの注目機能

メイン機能の1つですが、デジタライズの容易さは驚くほどです。

紙の名刺を溜めていた方は、シンプルかつ、劇的に使いやすい環境を手に入れられます。手入力で情報をデジタル管理していた方も、AIの読み取り機能の高さ、情報の更新しやすさに驚かれるでしょう。まずは個人でEightを試してみるのもおすすめです。

コラム 営業管理、できていますか？

これは本書で、ある意味「IT活用できていますか？」以上に、読者のみなさんにお聞きしてみたいテーマかもしれません。

御社において、営業管理はできているでしょうか？

前項で、名刺管理システムのSansanについて、営業管理システムの機能も多く備えていると書きました。名刺管理と営業管理は、バックオフィス最適化という視点ではセットと言える部分です。

まず、名刺をアナログ管理していた企業にとっては、名刺管理システムを導入すると管理の手間が大幅に減り、情報へのアクセスも容易になります。システム上で、名刺データを蓄積し、社内で共有できるようにする。名刺管理をIT化するのは、顧客管理の一種と言えるわけです。

しかし、名刺管理・顧客管理の真価を発揮するには、もう一歩、踏み込む必要があります。

ポイントは、〝営業〟管理とセットでIT化・効率化することです。第2章の従業員軸の業務フローで考えると、勤怠管理と給与計算、給与計算と会計のように、データ連携を前提としたＩＴ活用をすることで、顧客情報が企業の大きな武器となります。

では、顧客管理と営業管理では、何が違うのか？

前者は、文字通り「顧客情報を管理すること」です。

そして後者は、「営業活動に活用することを目的に、顧客情報を管理すること」です。

中小企業の多くは、顧客管理自体はある程度行っています。これを全部担当者の頭の中でやっている企業はさすがに少数派です。ただ、**マーケティングはマーケティング、営業は営業でそれぞれのやり方で管理しており、データ連携もない状態で、担当者や部署の壁を超えた情報共有が難しい環境に成っているケースが非常に多い**です。

そのため、効率的な営業を行う判断材料となるデータがない状態になりがちです。

さらに多いのが、営業先や見込み客のうち、多くの場合わずか数％、場合によっては１％以下の、販売管理まで進んだお客様の情報だけ管理している――文字通り、「顧客」の情報だけを管理しているケースです。

最新のＩＴツールは使わずとも、その管理はやっている。しかし、その数％の取引目前まで進まなかった「見込み客」にあたるお客様の情報は、ほとんど管理・蓄積していないのです。

ここに、大きな問題があります。すでに取引経験のあるお客様のケアは、どんな企業でもある程度はやっています。売上を伸ばすには、そこに力を入れるより、むしろ①「販売管理まで進まなかった見込み客の掘り起こし」や、②「見込み客を増やすための取り組み」が重要なのです。

この①を実践するのが、営業管理のキモとなります（②はウェブマーケティングなど）。

私たちがIT導入をお手伝いしたことで売上を大きく伸ばしたクライアントの多くは、この営業管理を、まったくと言っていいほどしていませんでした。

なぜそうなるのか。**営業担当者の仕事は、見込み客を増やすことではなく、売上を出すことですから、取引まで行けそうな相手に注力するため**です。

とはいえ、取引まで行けそうな人を増やすには、結局は分母を増やすしかありません。見込み客を増やすのが一番の近道でもあります。ですから、営業担当者は新規営業も繰り返し行い、常に新しい見込み客にも出会っています。

ただ、そこでもまた、取引につながりそうなお客様に注力して、見込み客の情報は忘れてしまいがちなのです。

しかし、時代は変わり、デジタルで情報を簡単に蓄積できるようになっています。顧客管理をシステム化すれば、本人がいったん忘れてしまった見込み客の情報を後でいくらでも参照できます。

それなら、後先を考えずに新規営業をかけるよりも、見込み客にアプローチするほうが効率的なケースも多々あります。少なくとも、興味があるから名刺交換などを行い、自社に情報を渡してくれたのですから。

大切なのは、**営業管理の箱をつくり、取引までたどり着いた「顧客」を入れる販売管理の箱とは、別レイヤーの見込み顧客管理を実践すること**です。取引に至った顧客の管理のみを行う企業は、ぜひ「営業管理」も実践してください。これまで「忘れてもよし」で済ませてきた情報を記録し、蓄積していけば、その箱が宝の山になります。

3 その顧客、別の担当にすぐ引き継ぎできますか?
——営業管理

営業管理の主な問題点は、次に示した通りです。先ほどのコラムで触れたように、顧客管理という観点では共通点が多いので、名刺管理と重複する部分もあります。

問題点① 個人で顧客管理をしているので、管理や引き継ぎが大変
問題点② 将来の売上予測や現状の数値が、正確かつリアルタイムに把握できない
問題点③ お客様の情報が社内PCでしか参照できず、共有もうまくできていない

名刺管理の問題点①と同じように、各担当者が顧客管理を個人で行う企業は少なくありません。そのため、営業先でバッティングしてしまうこともあります。

また、頭の中にしかない情報も多く、引き継ぎなどの際に不備があり、お客様に迷惑をかけて失注やクレームにつながってしまうこともあります。

②も、正式な契約に進みそうな取引が複数あったとしても、その情報管理は、各担当者や各部署がエクセルなどで行っている企業が多いです。

そんな企業の場合、請求書を出して、経理上の正式な売上が立つまでの売上予測や、正確な売掛金の額などをタイムリーに把握できないので、精度の高い経営分析は難しくなります。

顧客管理ができている企業であっても、その使用ツールがエクセルやレガシーな基幹システムなどだと、③のように出先で情報を参照できない場合が多いです。外回りの担当者から電話が鳴って、「私のPC立ち上げて！」と、パスワードを伝えられた経験がある方もおられるのではないでしょうか。

また、当たり前ですが他の人が気軽に使えないので共有も難しく、総務担当者やカスタマーセンターが顧客情報を参照できず、クレームやお問い合わせにうまく対応できないこともあります。

①「個人で顧客管理をしているので、管理や引き継ぎが大変」の解決方法

これは名刺管理システムとまったく同じ話ですが、システム上で、なおかつ社内のメンバーで顧客情報を共有できるので、管理や引き継ぎも容易になります。

特に「日本企業あるある」と言えるのが、退職者が出たときの引き継ぎで問題が発生することです。

ＩＴシステムの利用を抜きにしても、日本企業は情報管理が属人的になりがちです。海外の場合、すぐに辞める人も多く、長期バカンスをとるのが当たり前なので、情報共有ができているのは仕事をする上で大前提です。

また、これには「情報を自分だけで囲うほうが得」という考えもあるでしょう。しかし、それが成立するのは狭い範囲の競い合いまでだと思います。優秀な経営者は、ギブ・アンド・ギブが得をする秘訣で、情報を惜しまずシェアする人に、より質の高い情報が集まってくることを理解しています。滅多なことでは囲い込みをしません。

一人でカバーできる範囲には限界があります。自身のステージを上げるためにも、周囲と情報共有するべきだという空気を社内に醸成できると、システム化を推進しやすくなります。

②「将来の売上予測や現状の数値が、正確かつリアルタイムに把握できない」の解決方法

ＩＴによる営業管理のない企業が、具体的な取引に至っていない案件に対する経営判断を下すタイミングは、定例の会議やミーティングのときです。

営業担当者の報告を聞いて、経営者が行けると判断すればプッシュして売上予測に反映し、

反対に難しそうだと感じたら、撤退やリソースを減らす判断を下します。

前者ならまだしも、後者の場合、たとえばそのミーティングが週1回なら、1〜6日分、他の案件に回せたリソースがムダになる可能性もあります。タイムリーな営業管理ができていれば、そのムダを減らせますし、売上予測もより正確になります。密度の高い対話を要する経営判断もありますが、営業管理システムの情報をチェックして、臨時ミーティングを行う判断をすることも可能です。

③「お客様の情報が社内PCでしか参照できず、共有もうまくできていない」の解決方法

社外でデジタル化した情報を参照できない企業は多いです。近年はVPNを導入し、社内PCの情報を外でも見られる企業も増えていますが、その場で見積書を作成する——といった作業まで可能な環境はそう多くありません。

営業管理システムなら、情報のチェックはスマートフォンで簡単にできますし、見積書の作成機能を持つツールも多いです。場合によっては「帰社して見積もりをつくってお送りします」と言っていたところを、「この後簡単な見積書をつくってすぐメールします」とできます。

このスピードが案件の成否を分けることもあるので、地味に重要なポイントです。

以上のように、非常に重要な営業管理の実施およびＩＴ化ですが、効果が大きい薬だけに、用法を誤ると毒にもなりかねません。経費精算システムと同じく、特に導入・利用にあたって、現場の理解と同意を得ることが重要になります。

営業管理システムを導入し、そのような情報を社内の財産とするには、各担当者にデータ入力をしてもらう必要があります。自分の頭の中で情報管理をしていた人は、データをまとめ、報告等をする習慣を持っていないこともあります。

そこで重要になるのが、ファシリテートです。営業管理とは、「これまでなかった面倒な入力をさせる」ことではなく、「入力した情報を蓄積して売上をアップさせる」こ

現状の問題点	ITで解決されること
個人で顧客管理をしているため、全体管理や引き継ぎなどが大変	情報を共有することでさらに質の高い情報を得られるようになる
将来の売上予測や現状の数値が、正確かつリアルタイムに把握できない	タイムリーな営業管理により売上予測も正確になる
お客様の情報が社内のＰＣでしか参照できず、共有もうまくできていない	スマートフォンでの参照を可能にし、見積書作成などに迅速な対応が可能になる

図表 12 営業管理の問題点と解決

とだと伝え、理解を得ましょう。

加えて、もう1つの重要なポイントが、報酬体系などのチェックです。先ほどのコラムで触れたように、自分の売上が下がり、報酬に影響するから情報をシェアしたくない、と考える人も出てくるかもしれません。

そうではなく、その情報の価値を最大化するのが営業管理であることを伝え、理解してもらうだけでなく、その人が開拓した相手を受け継ぎ、同僚が契約を獲得したら、両人にインセンティブが入るような、チームでの評価方法も必要になるかもしれません。

実際、営業管理システムを効果的に活用するには、チームで動くことも大切になります。

多くのツールには、経営判断のために、現在の見積もりを重要度や確度ごとに分けて評価する機能があります。ほぼ受注できると見込んだ見積もりは、売上予測に組み込めます。

そのような分類をした上で、現時点の見積もりを段階ごとにグラフ等で可視化すると、非常に効果的な経営判断ができます。

確度ごとに受注の可能性が「高」「中」「低」に分類した見積もりが計10件あり、「高」4件、「中」4件、「低」2件に分かれていたとしましょう。そして、営業のエースが担当する案件がすべて「高」だった場合、そのエースのリソースを「中」や「低」の案件に回すと売上が大きく変わる可能性があります。

この場合、仮にそのようにして、「高」の案件のクロージングはエース以外の営業マンがやったとしても、「中」や「低」案件の結果にかかわらず、エースの評価はしっかりとなされるべきです。

これらの点も踏まえ、現場目線でも満足を得られることを意識して、IT導入を推進してください。売上アップを目指すのは大切なことですが、従業員の満足につながらなければ、現場が疲弊するだけです。たとえ売上が上がっても、それでは長続きしません。営業担当者のモチベーションも含めての「営業管理」です。

サービス紹介

Salesforce（セールスフォース）

非常に多機能・高機能な営業管理システムです。本書で紹介する他のITツールに比べると比較的高額ですが、明らかにそれだけの価値があります。

ただし、あまりに多機能なので、自社用にカスタマイズする初期設定だけでも大変です。「知り合いの経営者が絶賛していたから」といった理由で安易に手を出して、使いこなせずに終わってしまうケースも見聞きします。最低限の営業管理で済む企業の場合、名刺管理（顧客管理）でSansanを導入していたら、機能的にはそれで十分である可能性もあります。

Zoho（ゾーホー）CRM

「CRM」はCustomer Relationship Managementの略で、「顧客関係管理」などと訳されます。Salesforceに比べるとシンプルなツールで、ある程度のフォーマットも固まっています。そのため、Salesforceほど難しくはありません。とはいえ、その真価を発揮するには、自社用のカスタマイズが肝心です。導入の際にはサポートや専門家を使って、しっかりと初期設定することをおすすめします。

kintone

SalesforceやZoho CRMとは少し毛色が違う、自社に合ったシステムを作成し、さまざまな業務を管理できるツールです。コミュニケーション機能も豊富で、メールやエクセルによるファイル作成が多い企業の省力化に大きな効果を発揮します。

営業管理システムの注目機能

先ほども少し触れた、案件を重要度などに分けて分類し、グラフや数値で可視化する機能は特に重要です。この機能で効果的な経営判断をするからこそ、単なる「顧客管理」ではなく、「営業管理」を実現できます。

ちなみに、その前段にある顧客管理の情報の精度は、経営判断の質に直結します。たとえば、Aさんが受注確度を低いと見ている案件の取引先担当者が、Bさんと地元が同じ人だとわかれば、担当替えによって確度を上げられるかもしれません。

日々、現場で働くみなさんは、その環境なりのベストを尽くされているに違いありませんが、ＩＴ活用によって、その「ベスト」の上限を押し上げることもできるのです。

V コラム

営業管理で売上アップ

「営業管理で売上がアップする」ことについて、気になっている方も多いと思いますので、私たちの事例から、ポイントを簡単に説明します。

私がIT導入をお手伝いさせていただいたある企業は、印刷物を手掛けており、プッシュ型営業は基本的に行わず、営業担当者は、メールや電話で問い合わせのあった相手とやり取りを進め、契約まで持っていくのが仕事でした。

プル型営業だけで完結するのは理想ではありますが、それだけで満足できる売上や利益が上がっていないようなら、プッシュ型営業も検討するべきです。

特に、印刷会社のような業種の場合、営業管理によるプッシュ型営業は効果的です。ほとんどの企業で、定期的に何かしらの印刷物が必要になるので、こちらのアプローチをきっかけに「そう言えばパンフレットが……」といった反応が期待できる可能性が高いのです。

営業管理のキモは、接点があった「見込み客」の情報を記録・蓄積することですが、その企業では、見積もり以降は基幹システムによる販売管理機能があるものの、見込み客の情報は一切残っていませんでした。私はウェブマーケティングと営業管理に着手し、ウェブサイトから問い合わせのあったお客様の情報がシステムに記録されるようにしました。

営業管理システムは、条件で絞り込んだ複数の見込み客に、メールを送信する機能があります。それぞれの見込み客の営業担当者のメールアドレスから送信し、機械的な自動送信メールではなく、営業マンが自分のためだけに書いたように見えるメールを送ることも可能です。

プッシュ型営業を嫌う人は、飛び込み営業や電話営業を苦手だと考える向きが多いと思うのですが、営業管理システムを利用すれば、そのようにメールだけでも多彩なアプローチができます。

前のアプローチがいつ、何であったかもチェックできるので、「3カ月連絡が空いている見込み客にメールを送る」といった使い方もできます。また、同じような進捗は、見積もりに進んだ顧客についても参照できるので、「営業のエースのアプローチの進め方」等のナレッジが蓄積されるのも大きなポイントです。反対に、進め方のよくない案件の情報を見て、先輩が後輩に「ここで3日も連絡が空いたら、決まる契約も決まらないよ」といったアドバイスをすることもできます。

この企業は、見込み客に定期的に印刷物の作成を持ちかけるアプローチを行うようにして、大きく功を奏しています。

自分で名刺などのデータを作成して、ラクスルやプリントパックに印刷物を注文した経験のある方は、「安く早く印刷できればいい」と思うかもしれませんが、社内にデザイナーがいない中小企業は珍しくありません。

そのような企業が印刷物をつくる場合、印刷会社は、相手の意向をヒアリングし、デザインを提案して、紙や印刷方法の候補を複数（価格優先・品質優先など）出して決めてもらう――といった制作業務も請け負うことがあります。

裏を返せば、基本的には「安ければ何でもＯＫ」という話ではないので、いいタイミングで説得力のある提案をできれば、相手から見ると「久しぶりの印刷会社の担当者から来たメール」であっても、「ちょうどお願いしたいことが……！」となる可能性は十二分にあるのです。


印刷会社のような業種は、これまでの仕事をベースにプッシュ型営業がしやすいタイプですが、どんな企業であっても、営業管理によって売上アップを実現することはできます。

少々良くない表現になりますが、企業の持つ個人情報の流出がなくならないのも、その情報そのものが宝の山だからです。大切なのは「自社と縁が多少なりともある見込み客の情報」の存在です。レアケースではありますが、（本業へのプラスも見込める近い領域の）新規事業を立ち上げた事例もあるほどです。

かつては、「営業力」は極めて属人的なものと考えられていました。また、今でも名人芸的領域はあるでしょう。しかし、ＩＴの進化によって、システムによる営業力の底上げも可能になっているのです。

ムダな作業を減らし、経費を減らせば利益が増えます。しかし、削減できる経費には限りがあります。ＩＴ導入を検討するなら、ぜひ営業管理にも注目して、経費削減と売上アップという「いいとこ取り」を狙ってください。

4 仕事はしたのに、担当の「うっかり」でお金がもらえない
――販売管理

問題点に入る前に強く訴えたいのが、「もうエクセルの時代ではない！」ということです。他のセクションでは、企業の規模や環境においては、エクセルベースでも効率化を実現できるケースはそれなりに考えられます。

しかし、販売管理に関しては、最新のＩＴシステムとエクセルの間に、もはや超えられない壁がそびえ立っています。私たちが手掛ける案件でも、大金を投じた販売管理の基幹システムをお持ちのクライアントに、ＩＴシステムへの移行を提案することが珍しくありません。

それだけＩＴ活用の威力が大きい分野であることを踏まえて、問題点を見ていきましょう。

問題点① 毎月の請求書作成業務に時間がかかり、人為的ミスも発生している

問題点② 見積もり・請求情報は担当営業の頭の中で、請求漏れも発生している

問題点③ 同じ案件の見積書・契約書・納品書・請求書を毎回手作業でつくっている

①のように、請求書をエクセルなどで作成すると、当たり前ですが手間がかかります。販売管理をシステム化していない多くの企業は、エクセルでフォーマットを作成し、そのフォーマットに案件ごとに企業名や案件名、日付や金額を入力し、印刷・捺印・封入・発送を行っています。

人件費も印刷代も発送費もかかる上に、請求書をフォーマットベースでイチから作成せずに、直近の請求書をコピペして作成することで、日付や金額、企業名を間違えた請求書を発送したり、A社への請求書をB社に発送したり、といったミスも発生してしまいます。

システム化すれば、案件ベースで管理された情報に、見積書の時点で確定した金額なども自動的に紐付けられ、金額に変更がなければ、そのまま請求書を発行できます。

営業担当者の中に多くの情報がある企業で、最も痛いミスが②です。契約し、納品まで済んでいるのに、請求書を発行していない――というケースです。そして、他の人が参照できる情報が社内に少ない環境の場合、経理担当者は案件の進捗を把握していないので、請求漏れに気づかず、そのままに終わってしまうこともあるのです。

③は、①と同じく、請求書に限らず、見積書や契約書や納品書も決まったフォーマットに企

業名や金額を入力して、営業担当者などがイチから作成することで発生する問題です。時間もかかりますし、作成ミスもどうしても発生します。

①「毎月の請求書作成業務に時間がかかり、人為的ミスも発生している」の解決方法

販売管理システムがあれば、書類を簡単に、ミスなく作成できます。請求書はデータで送れますし、紙の請求書を求める取引先であっても、連携するサービスで請求書を発送することもできるので、印刷や封入の手間がなくなります。

また、毎月、定期的に発行する請求書の場合、あらかじめスケジュールを設定しておけば、同じ内容の請求書を自動で発行し、請求書の発行忘れなどを防止できるシステムもあります。

②「見積もり・請求情報は担当営業の頭の中で、請求漏れも発生している」の解決方法

案件ベースで進捗をシステム上で確認できるので、納品後未請求の案件があっても、簡単に気づくことができます。支払期限を過ぎた未入金の請求書がある場合、週に1度メール通知する機能を備えているシステムもあります。このメールをチェックすることで、請求漏れをさらに防ぎやすくなります。

また、「見積もりの後、しばらく進んでいない」といった進捗も把握できるので、相手担当者に見積もりについてリマインドするなどして、案件全体のスピードアップも期待できます。

③「同じ案件の見積書・契約書・納品書・請求書を毎回手作業でつくっている」の解決方法

販売管理システムを強くおすすめしたいのは、この部分に大きな強みを発揮するためです。見積もりや納品等の各段階は、案件ベースで一元管理されているので、書類の作成が簡単になり、納品書だけ企業名がコピペを間違っている——といったミスもなくなります。

契約書についても、まだまだ紙ベースの時代で、印刷・発送が必要になるケースは多いと思いますが、書類の作成自体は簡単になり、ミスも減らせます。

また、クラウド上でサインできる電子契約書は増えており、海外では当たり前になりつつあります。新型コロナウイルスの影響でテレワーク中の方が、書類や捺印のために出社する不便も話題になりました。印刷代のみならず資源の節約にもつながりますし、時代の要請として、この流れは変わらないでしょう。個人的には、早いうちに電子契約に対応できる環境を整えるべきだと考えます。

他にも意識しておきたいのが、「仕入等の購買管理」です。

在庫や原材料を伴うビジネスの場合、見積もりや納品と、仕入が連携する必要があります。エクセルベースの管理では、多くの場合一元管理ができず、営業担当者のチェックや情報共有が甘いと、在庫不足に陥って進捗が遅れたり、他の案件に影響が出たりすることもあります。

このような購買管理も、その機能を持つ販売管理システムを利用すれば、一元管理できます。

わかりやすいので飲食店を例にすると、上に置かれた物品の重さを量り、あるラインを下回ると自動で注文を出してくれる「スマートマット」と呼ばれる製品があります。そこに醤油だけを置くと決めて、重さが3キロを下回ったら、醤油の一升瓶を2本発注する——といった使い方ができます。

購買管理と連携した販売管理なら、見積もりの段階で、「この見積もりが通って納品に至ったら醤油が3キロ以下になるから仕入が必要になる」といった判断をしてくれます。

在庫の不足に対する心配が減るだけでなく、情報共有のための環境が整っていない企業の場合、そのような在庫状況などの確認自体に手間がかかるので、省力化の効果も大きいです。

サービス紹介

ZAC（ザック）

単体の販売管理システムではなく、販売管理機能や購買管理機能に加え、勤怠管理や経費管理など、企業の活動を広くカバーするクラウドERPです。プロジェクト型ビジネスに特化しているので、長期間に渡るプロジェクトが複数並行して走り、既存の環境では売上予測などが難しい企業に向いています。

クラウドERP freee

会計ソフトで知られるfreee株式会社のクラウドERPです。販売管理や労務管理、財務会計の機能がまとまっており、IT活用が進んでいない中小企業がクラウドERPの導入を検討する場合、比較的使いやすいツールです。第1章でも触れたように、販売管理で特に手間がかかる消込作業も、インターネットバンキングを利用すればかなり楽にできます。

Misoka（ミソカ）

「弥生会計」で知られる弥生株式会社のクラウド販売管理システムです。見積書・納品書・請求書を簡単に作成・管理できます。郵送が必要な請求書もワンクリックで郵送できます。

販売管理システムの注目機能

見積もりから請求までを案件単位で一括管理することで、見積書と納品書と請求書で中身が違っている書類作成ミスや、絶対にあってはならない請求漏れを簡単に防ぐことができます。

5 サイトはあるけど、ほとんど問い合わせがこない——ウェブマーケティング

営業管理によって売上アップを狙うなら、ウェブマーケティングはセットで考えるべきです。なぜなら、プル型営業を目指す場合、ウェブサイトから流入するお客様だけで商売が成り立つのが理想ですし、プッシュ型営業をするにしても、自分で調べて自社サイトにアクセスして、そこから問い合わせをくださった方や、ｅコマースで何かをご購入いただいた方が多ければ多いほど、見込み客が増えるからです。

ここではバックオフィス最適化に紐付けて簡単に触れるだけですが、ウェブマーケティングについては専門的な書籍やインターネット上で見られる記事も多いので、気になる要素があった方はぜひそれらをご参照ください。本項と次のコラムは、ｅＣＩＯメンバーの西村公志氏の協力を受けています。

ウェブマーケティングの2つの軸

ウェブマーケティングには、図表13に示すように、２つの軸があります。

1つは**受け皿があるかどうか**。この「受け皿」が、企業のウェブサイトです。

SNSの企業アカウントが爆発的な知名度を得る例もありますが、基本的には属人的な名人芸の領域ですし、SNSアカウントしかない企業では社会的な信頼を得られないので、まずはウェブサイトを基本として考えましょう。

ただ、受け皿があるだけでは意味がありません。大切なのはその「機能性」です。

ITに慣れていない人が多い企業だと、サイトをつくって満足してしまうケースが多いです。会社情報をネット上に置きたいだけ、という企業の場合はサイトをつくるだけでもよいのですが、ウェブマーケティ

機能性を満たした「受け皿」となるウェブサイト	「投資対効果」を求めたウェブマーケティング
・企業の顔としての目的のみでいいのか	・集客保証のないSEOやMEOだけでいいのか
・問い合わせからの営業管理連携ができているか	・ウェブ広告などを活用し、投資対効果を追えているか
・企業サイトやサービスサイトを分けているか	・MAなどを活用したナーチャリング施策が打てているか

図表 13 ウェブマーケティングの2つの軸

ングを意識して、サイトを営業管理の入り口と考えるなら、目的から逆算し、導線も意識して見た目や機能を構築する必要があります。

まずもって、ウェブサイトはその企業の「顔」です。昔からの付き合いでほぼ完結するようなＢｔｏＢの老舗企業でもなければ、それをないがしろにしているだけで大きな損失です。

近ごろは、名刺交換をしたら、その会社名をすぐに検索する人が多く、そこでどんなイメージ・情報が出てくるかはとても重要です。たとえば、打ち合わせで「ウチは技術力に自信がある」と言っていた企業のサイトが古かったら、取引相手として不安になるに決まっています。

私も以前、あるＩＴ関係の資格の公式サイトを偶然開いたら、スマートフォン対応のないサイトで驚いたことがありました。

サイトはつくってからがスタート

ウェブサイトは生き物のようなものだと考える必要があります。つくって終わり、ではなく、つくってからがスタートです。できた瞬間は立派なサイトでも、見せ方や使い方を変えていく必要が生じることもあります。

そもそも、最低限の情報更新は必要です。ところが、新着情報が1年前だったり、ずっと工事中、アンダー・コンストラクションだったりするサイトも珍しくありません。

意識したいのは、ウェブサイトの目的を見極め、それに合った情報を載せることです。企業の顔となるコーポレートサイトなら、変更点がなければそもそも「新着情報」的なコンテンツも必要ないかもしれません。そもそも日時を入れなければ古くなりにくい、という考え方もあります。

近年増えているのは、企業のサイトと、サービスのサイトを分けるケースです。たとえばエステサロンのチェーン店があった場合、本部機能はコーポレートサイト、店舗は店舗としてサイトを別に作成します。これは、対象者が明確に異なるからです。

エステの施術を受けたいお客様は、本部の会社情報や主要取引先には興味がありません。どんな施術を受けられるのか、効果が得られるのか、予約できるか、といった点が見たいのです。そんなお客様にとって、本部の情報はノイズでしかありません。

ですから、ＢｔｏＣのサービスを行う企業や、ｅコマースで商品などを販売する企業は、サイトを分けてつくるのがおすすめです。

また、コンテンツの作成に人手や費用がかかりますが、自社の商品やサービスをアピールする記事などを掲載するオウンドメディアの活用もウェブマーケティングの一種です。閲覧者を楽しませる記事を作成できれば、お客様へのアピールになるだけでなく、従業員が自社の魅力を再発見するきっかけにもなります。

よく尋ねられるのですが、ウェブサイトの制作費においては、提供できる素材やテキストがどこまであるか、どれくらいのコンテンツ量になるか、どのような機能性を持ったサイトにするのかによって本当にピンキリです。それなりにしっかりとした企業の顔となるコーポレートサイトの制作には、百万円前後かけられているケースが多いと言えます。

そもそも論で言えば、ウェブサイト作成の時点で、ITの知識がない経営者や従業員が多いので、ぼったくりに近い金額を提示されてもそれに気づかず、制作を発注してしまう企業もあります。大切なのは、企業側で出せる予算感を明示することです。それにより制作業者は、予算内で何をどこまでつくることができるのかという提案を、より的確にできるようになります。制作業者に依頼する場合は、何社か同じ条件で提案を求めるとよいでしょう。サイト公開後に情報更新や改修をしていく可能性があるなら、制作後についてのアフターフォロー体制の有無を確認することも重要です。

1つの施策だけに頼りすぎるのは危険

せっかくウェブサイトをつくっても、見てもらえなければ意味がありません。

理想は、誰でも知っていて、何もせずともアクセスが絶えないサイトになることですが、まずはウェブ広告やSEO対策に取り組む必要があります。

SEO（Search Engine Optimization）は「検索エンジン最適化」を意味します。今は検索結果の2ページ目くらいまでしか見られないので、ターゲット層が使用するだろう検索語句で、しっかりと上位表示できるかが求められます。

また、若者世代では、そもそも検索すらしない人も増える中で注目されているのが、Googleマップの地図検索で上位表示を狙うMEO（Map Engine Optimization）対策です。Googleマップは、さまざまな流行り廃りがある中で、現在もこれからも、特に重要なプラットフォームであり続けることがほぼ確定していると言っても過言ではありません。

SEOとMEOの結果で、集客力に大きな違いが出るので、ぜひ専門家の力を借りてでも取り組んでいただきたい領域です。

ただし、気をつけたいのが、SEOやMEOだけに注力しないことです。

これらは「やるべきこと」ではありますが、集客の保証はありません。上位表示ができていても、検索エンジン側の仕様変更によって順位が大幅に下がることだってあります。

そうなると、検索順位だけに頼っていたら、順位と一緒に売上も激減してしまいます。ウェブマーケティングにおいては、1つの施策だけに頼りすぎるのは危険なので、どれだけSEOやMEOが成功していても、ウェブ広告は継続したり、検索順位がいいうちにSNSに力を入れて、別のプラットフォームで母集団形成を狙ったりと、バランスを考えた施策を行いたいところです。

投資対効果は「数字だけ」で判断してはいけない

ウェブマーケティングのもう1つの軸は、投資対効果の観点です。

サイトはできたら終わりではないと理解して、広告等の施策にも着手する企業は少なくありませんが、その施策について、日常業務のように経営判断できる経営者や担当者は少数です。そして、そのような判断を「なんとなくこの広告は良かった気がする」と感覚的に下すのではなく、より的確なものとするには、ITの力が必須です。アクセス解析サービスのGoogleアナリティクスや、営業管理システムの導入・紐付けによってデータを蓄積・参照できる環境を構築する必要があります。

また、大前提として、ウェブマーケティングの効果を正しく判定するには、ある程度の期間データを蓄積して、短絡的に判断しないことが求められます。

ウェブ広告の革命的な点は、「正確な数字で効果測定ができること」です。チラシを新聞に折り込んでも、実際に何人が見て、どれだけの売上につながったかは、大づかみの予想しかできません。調査をすればそれなりに実情に近い数字がわかるにせよ、そのためには費用もかかります。

一方、ウェブ広告なら、何人が見て、何人がクリックして、何人が購入したのかも簡単にわかります。ただ、その数字を的確にジャッジするには、その情報だけでは足りない可能性もあるのです。

なぜかと言うと、消費者が購入を決めるタイミングは、サイトにアクセスした瞬間とは限らないからです。

みなさんが買い物をするとき、複数の選択肢から考えるはずです。たとえばノートPCのウェブ広告をクリックして自社サイトにアクセスした人が、「そう言えばノートPC欲しかったんだよな」と興味を惹かれる。しかし、そこで即決する人はかなりの少数派でしょう。多くの場合、他のメーカーやサイトも調べた上で決断するのではないでしょうか。

そして、そんな方が「やっぱり最初のサイトで買おう」と思ったとしても、そのとき最初に開いたタブを閉じていたら、次は社名や商品名で検索する＝広告を経由しないアクセスで自社サイトを再訪することになります。このようなケースでは、広告の解析ツールでは広告経由の購入と見なされないかもしれませんが、間違いなく広告が寄与した購入と言えます。

他にも、一度の購入が定期的な購入につながる商品やサービスがあります。

そのタイプの商品・サービスの広告費は、すぐに回収する必要がありません。顧客が生涯を通じて自社にもたらしてくれる利益「顧客生涯価値（LTV）」を基準に考えるべきで、最初のうちは赤字でも、顧客獲得につながっていれば問題ありません。

5000円の売上を出すのに3000円の広告費がかかっていたら、その瞬間だけを切り取れば投資対効果の悪い広告です。しかし、その5000円の売上が毎月1回、何年も続けて発生するなら話は別です。LTVの観点から見て、非常に効果的な広告です。

繰り返しになりますが、このような捉え方でウェブマーケティングの効果判定をするには、IT活用によるデータの蓄積が必須となります。

「買わなかった人」を顧客へと育てていく仕組み

営業管理システムの機能の話になりますが、ウェブマーケティングに力を入れるなら、マーケティング・オートメーション（MA）の活用も検討したいところです。

MAは、その名の通り効率的なマーケティングを自動的に実施できるツールです。見込み客を顧客に育てる過程をサポートし、商談創出や商品購入に至るまでの生産性を高めてくれます。

たとえばメールでマーケティングをする場合、人力でやるなら、リストにまとまったメールアドレスに一斉にメールマガジンを送るくらいしかできません。

一方、MAを活用すると、見込み客にメルマガを送る頻度やタイミングを、相手のリアクションを踏まえて調整してくれるのです。たとえば、5段階の内容のメルマガ原稿を用意しているとして、2通目以降の内容は、最初のメルマガを読んで、文中のリンクをクリックしていないと理解できない内容かもしれません。

人力でやるなら、リアクションを考えずに定期的に配信するか、アクセス解析を詳細にチェックしてタイミングを検討するしかありません。前者の場合、内容を読んでもらえる可能性が減りますし、後者の場合は担当者のリソースが大幅に割かれます。しかしMAを使えば、相手が1通目を読んだタイミングで2通目を送る――といった作業を自動でしてくれるのです。

さらに、MAは見込み客のリアクションのデータも蓄積し、AIで判定して、メルマガへの反応が良いグループやそうでないグループなどに分ける機能もあります。

見込み客を顧客にまで育てる「ナーチャリング」の大部分をMAが担ってくれれば、営業マンはその作業に費やしていた時間を、ナーチャリングの済んだ期待値の高い見込み客や顧客に使えます。

このように、営業担当者のリソースを売上により近い部分に集中させることで、売上アップが期待できるのです。

本書ではわかりやすく「見込み客」としていますが、そもそも見込み客と顧客を分けるのはタイミングでしかありません。ウェブサイトに限らず、実店舗で興味のある商品を見て、そのときは「未決」で終わっても、後日購入することはよくあります。それを「失注」と考えるのはあまりにもったいないでしょう。

eコマースなど、ほとんどのアクセスは、通常は未決に終わるはずです。しかし、それは検討時期が悪かっただけで、その後のケア次第では顧客になっていただける可能性が大きくアップします。

以前、不動産会社の優秀な営業マンに、「家を買うのは本格的に検討してから半年

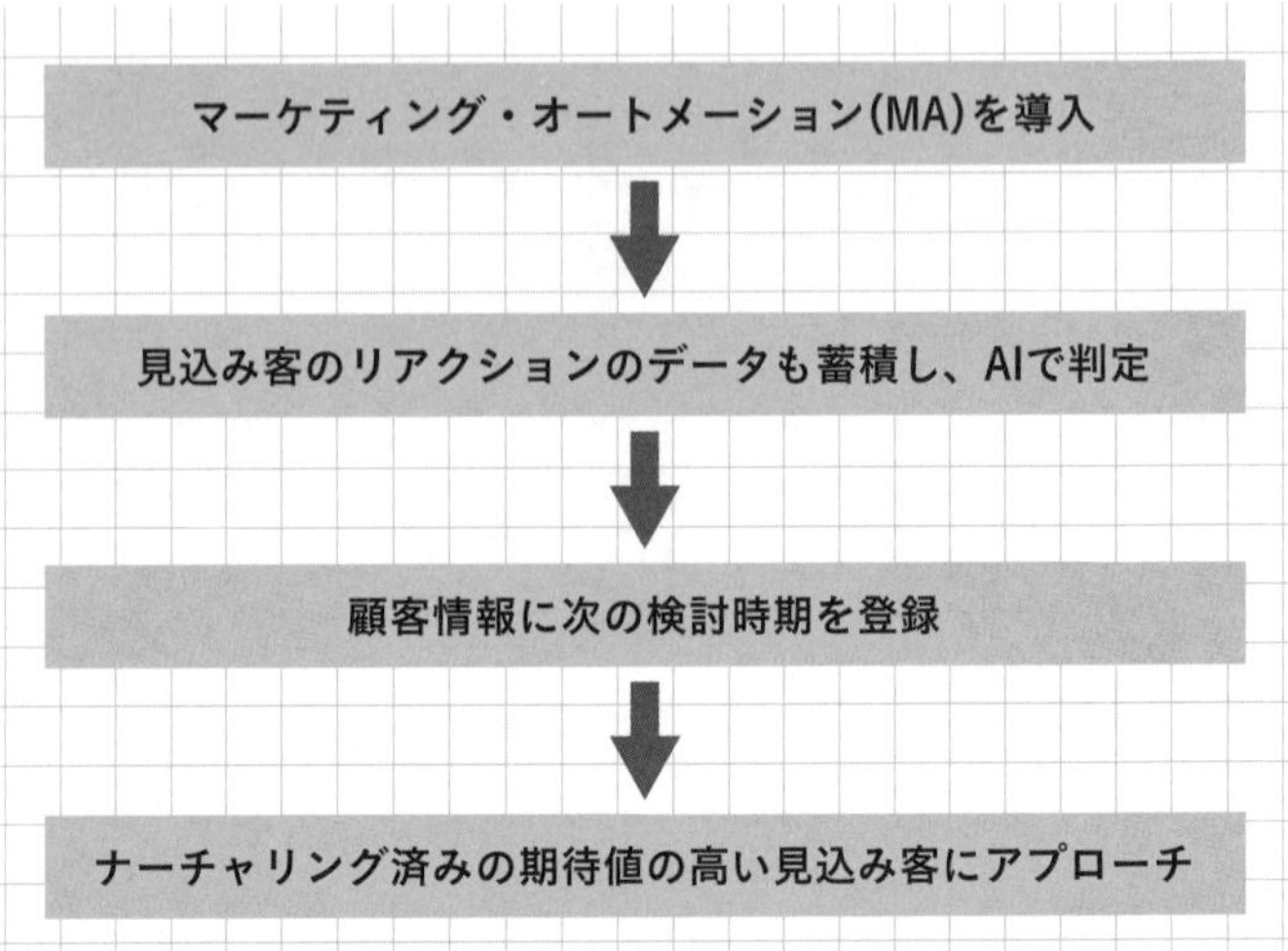

図表14 「買わなかった人」をどうやって「顧客」にするか

〜1年後というのもザラ」だと聞いたことがあります。そして、デキる営業マンや企業は、実際に内見などで出会った方宛に、メールやパンフレットを半年後に送っているのです。不動産ほどの高額商品でなくとも、人間の心理はそのようなものだと思いませんか？

営業管理システムがあれば、顧客情報に次の検討時期を登録できます。その時期が来たらアラートを出したり、自動的にメールを送ったりすることができるのです。

ただ、このようなアプローチも、日本中の中小企業が営業管理を始めたら陳腐化してしまうかもしれません。ほとんどの企業が営業管理をできていない今だからこそ、その効果も大きくなります。

コラム

その人は本当に中立な〝ＩＴの専門家〟なのか？

西村氏とウェブマーケティングについて話をしている中で印象的だったのは、「〝ＩＴの専門家〟と呼ばれている人の幅が広すぎる」という話でした。

これはどういうことかと言うと、なんとなく韓国人や中国人を見分けられる日本人は多いものの、欧米人から見ると「東アジアのどこかの人」とはわかっても国籍まではわからない人が多いように、「ＩＴ」という言葉のカバーする範囲が非常に広いため、苦手な人の目線では細かい違いなどわからないのです。

前項でも述べたように、ウェブマーケティングに取り組むなら、自社サイトと営業管理システムを連携させてほしいのですが、営業管理システムを企業に導入するスキルと、ウェブサイトを制作するスキルは別物です。前者は我々ｅＣＩＯやベンダー、後者はウェブ制作会社の領域です。

ところが、我々とすれば日本と中国のように、国が違うくらいの異分野なのですが、よくわからない人からすると「同じ東アジア人だよね？」というように捉えてしまい、サイトを担当した制作会社に「ＩＴが得意なんだから」とＩＴ導入を頼む企業があるのだそうです。

そのような要望は増えているでしょうから、サイト経由の顧客情報を記録できるように、営業管理システムをセットで導入するくらいなら対応可能なウェブ制作会社もあるかもしれませんが、そのシステムをクライアントの現場に合わせて設定・カスタマイズしたり、バックオフィス全体のＩＴ導入をサポートしたりできるところはなかなかないでしょう。

同じように、みなさんの社内にも「ＩＴに詳しい」と言われる人材がいるかもしれませんが、その方が本書でお伝えする内容はフォローできない可能性もあるのです。それは、決してその方が「ＩＴに詳しくない」わけではありません。ＩＴの中の「国」や「住所」が違うだけなのです。

ですから、**ＩＴ活用・導入に第三者の手助けを検討する場合は、「それが本当に求めている“ＩＴの専門家”なのか？」という点をしっかりと確認してください。**

できれば、複数の視点からのチェックが欲しいところです。困ったことに、ＩＴ導入の依頼を受けて、自社がそのスキルを備えていないことを知りつつ引き受ける者もいます。そうなると、お金を払って微妙なＩＴ導入が済んだ現場が残る格好で、目も当てられません。

専門知識で言えば、ＩＴサービスのベンダーも信頼できます。ただ、ベンダーの方は基本的に自社が取り扱うサービスを売らなければいけない立場です。「はじめに」で、他社間のサービス連携が進んでいると書きましたが、A社のスタッフがIT導入の設計図を描くときに、自社サービスと連携するB社のサービスを選択肢に加えるのは難しいように思います。

その点で見ると、eCIOには「中立な立場」という強みがあり、そのような忖度や選択肢の制限なしに、バックオフィス全体の最適化マップを検討できます。

IT導入のサポーターは、そのために必要な能力の持ち主であることも大切ですが、その上で立場が中立な〝ITの専門家〟であることが理想です。

6 お店のセキュリティやモノ・お金の管理は万全ですか？

——店舗管理

店舗を持つビジネスをしている企業においても、ＩＴ活用は非常に重要です。

ひと昔前なら、１日の営業が終わって、紙の伝票をチェックして売上を計算したり、現金のチェックをしたりする作業にかなりの時間がかかっていました。また、この作業はあまりに大変なので、資本のある企業はＰＯＳシステムを搭載したレジを導入して、紙の伝票などを極力必要としない方向に舵を切っていました。

ただ、このようなレジ一体型のＰＯＳシステムは高価なので、どんな企業・店舗でも導入できるものではありませんでしたが、近年は安価にタブレットでＰＯＳシステムを利用できます。レジ一体型に比べて、メニューの変更などのカスタマイズも容易で、売上の集計等も不要になり、ミスも減るので非常に便利です。

ＰＯＳシステムを活用する上で、強く意識したいのは、会計や購買管理とのデータ連携です。単にレジとして使えるだけでなく、売上情報をグラフで出すなど、経営分析に役立つ機能を備えたＰＯＳシステムは多いのですが、そのようなデータを本社にファイルやメールで送って、経理担当者が手入力するのは時間のムダです。

店舗で商品が売れたら、自動的にその取引が本社の会計ソフトで経理処理され、ＰＯＳレジ内の店内在庫に加え、本社やネットショップの在庫データも売れた分だけ減り、必要なら商品の発注も行う——といった連携ができないと、ＰＯＳレジの威力を最大限に発揮できません。

ビジネスモデルによって求められる機能はまったく違う

ＰＯＳシステムは、選択肢がかなり多いのですが、基本的には「自社の業種に合った機能を持ったもの」を探してください。レジ機能、売上や在庫情報のリアルタイム化は、ほぼすべてのツールで可能ですが、飲食・小売・エステ・理美容など、ビジネスモデルによって求められる機能はまったく違います。

たとえば理美容系なら、ホットペッパーなどの情報サイト・アプリを利用する方が多いので、その予約やクーポンに自動的に対応できる機能が大切です。飲食系も、特定のサービスとの連携はともかく、予約管理機能はあったほうがよいでしょう。

エステ系なら、回数券を販売することがあるので、１回分の現金取引だけでなく、レジで売掛機能を使いたいところです。飲食系もドリンク回数券などの掛販売が考えられます。

とはいえ、ある業種に特化しすぎたり、あまりに多機能なものだと外部連携が微妙だったりすることもあります。また逆に、柔軟すぎてもカスタマイズが難しくて使いこなせないこともあります。そのため、「何をどこまでやるか」を事前に想定しておくことも大切です。

理美容・エステ系なら、お客様の情報を記録できるカルテ機能はあったほうがいいと思いますが、飲食店や小売店でも、お得意様の好みなどをカルテにメモできると、のちのち武器になるかもしれません。ですから、サービス選びの前に、まずは「自社のやりたいこと」を明確にしておくとよいでしょう。

なお、ＰＯＳレジを導入するなら、あわせてキャッシュレス決済にも対応したいところです。基本的にはＰＯＳシステムが対応している決済サービスを導入すればよいと思いますが、場合によっては「この決済サービスに対応したい」という考え方でＰＯＳシステムを選ぶことも考えられるかもしれません。

店舗業務で非常に負担なのが「現金差のチェック」です。クレジットカードや各種決済サービスには手数料がかかりますが、お金の渡し間違えも減りますし、そのような手間とトレードオフと考えていいでしょう。多くの決済がキャッシュレスになれば、現金を数えたり、現金差が出たときに従業員の窃盗の可能性を考えたりする精神的負担が減らせます。

また、ポイント還元キャンペーンなどによって、キャッシュレス決済を利用したいお客様が確実に増えているので、それに対応しないでいるのは営業的にもマイナスでしょう。

単なる「防犯」だけではない、防犯カメラ設置の意外なメリット

バックオフィス最適化とは少し異なる要素ですが、ITの進化によって、コストパフォーマンスがかなり良くなっているので、「防犯」についてもあわせて紹介しておきます。

以前は録画機器とカメラを設置するのに、数十万～数百万円くらいかかっていました。しかし、現在は防犯もクラウド化しており、数万円のウェブカメラを購入し、PCにつながる環境にするだけで利用できます。クラウド録画サービスでシェアナンバーワンの「Safie(セーフィー)」は、買い切りのカメラが1万9800円から、月額利用料が1200円から利用できます。

このような防犯カメラは、導入自体に大きな効果があります。前述のように、現金差の出る原因が従業員の横領である可能性もありますし、お店に常駐するスタッフが1名のみの店舗の場合、外部の窃盗犯だけでなく、内部にも統制効果が期待できます。

また、もしものとき、仮にカメラやPCを破壊されても、その直前までの映像はクラウド上に保管されているので、被害証明にもなります。近年はそのリスクを低く見積もれない、水害などの災害時の保険会社や自治体に提出する資料の作成にも役立ちます。

7 「顧客」軸と会計は連携できていますか？

最後に、「顧客軸における会計」についても少し触れておきます。

会計ソフトに必要な考え方などは第2章で説明した通りですが、顧客軸の業務フローにおいても、各セクションがデータ連携でつながり、会計ソフトに集約される流れを意識して、システム選びを行ってください。

従業員軸で行われる各種取引は、旅費交通費や給与などの経費（損金）に関するものです。一方、本章で取り上げた顧客軸における取引は、商品やサービスを販売することで得られる収益（益金）に関するものです。

企業の損益は、収益から経費を差し引いて求める必要があります。経費だけデータ連携でつながって会計ソフトで簡単に処理されているのに、収益は各システム上で表示される数字を手入力で会計ソフトに入力しているようでは、バックオフィスの最適化は実現できません。ウェブサイトのeコマースや店舗も含めて、すべての収益が会計ソフトにデータ連携されるシステム環境を構築しましょう。

顧客軸については、顧客管理や販売管理を基幹システムで動かしている企業も少なくないのですが、その基幹システムでは会計ソフトにデータ連携できないようなら、サンクコスト・バイアスに囚われず、別のシステム導入を検討するべきです。

また、会計との連携という観点では微妙でも、自社向けにカスタマイズされた機能はまだまだ現役で使いやすい基幹システムもあります。その場合は、159ページのコラムで紹介したポストモダンERPの考え方で、顧客管理は既存の基幹システムで行うが、見積・請求等の販売管理は会計ソフトと連携するITツールに切り替える――といった使い方も考えられます。

この場合、それぞれに同じ情報を入れる手間はありますが、CSV連携などで定期的に同期させるといった創意工夫で軽減させることは可能です。

そのような作業の手間はすべてトレードオフになるので、企業によっては販売管理システムと会計を連携させなくてもよい――という判断が妥当なケースもありますが、それはかなりのレアケースだと考えられます。基本的には顧客軸の各セクションと会計をデータ連携させることを第一に考えて、その上でIT活用の設計図を考えることをおすすめします。

コラム

新しい形の会計事務所

会計の話題が出た流れで、ご紹介させていただきたい会計事務所と、私たちの取り組みについて触れさせてください。eCIOメンバーの石川浩司氏は、元々会計事務所系のコンサルティング会社に勤め、会計事務所のIT活用に取り組んできました。現在はIT顧問として、「中小企業をITで元気にしたい」という思いで活動しています。

そんな石川氏の特徴は、コンサルティング会社での経験を踏まえ、中小企業に貢献するためにも、そのハブとして会計事務所等の士業は大きな役割を果たすべき――という考えを持っている点です。氏は、実際に企業のみならず、会計事務所や税理士事務所など、士業のIT活用においても大いに活躍しています。

そんな石川氏のビジョンと重なり、なおかつ読者のみなさんにインスピレーションを与えてくれる存在が、広島県福山市の池永経営会計事務所（以下「池永経営」）です。

福山市で顧問先増加数ナンバーワンを誇る同事務所の特徴は、所内にIT部門を持っている点です。しかも、内部のIT活用だけではなく、クライアントのIT活用のお手伝いもされているのです。

先ほど、コラムで専門家の優位性について述べたばかりですが、裏を返せば、ＩＴ活用のスキルを内製化できれば、他社に業務として提供していける武器にもできるということです。これは、読者のみなさんにも大きな示唆を与える事例ではないでしょうか。

また、そのようなサポートができるのは、池永経営が中立の立場であるからです。「自分たちが使っているから」という理由で会計ソフトをクライアントに押し付けるようなことは決してせず、広く選択肢を持って、クライアントに合った会計ソフトを選び、導入するお手伝いをされているそうです。そして、クライアントの業務を効率化するために、「この会計ソフトなら、このツールも使ったほうがいいと思います」と会計以外の面でもＩＴ活用のお手伝いをされているのです。

機密性の高いデータを扱うことから、ＩＴ活用をほとんどしていない事務所も多い士業において、池永経営がこれだけ先進的な取り組みをされている理由にも、これからの時代を生き抜くヒントが詰まっています。

今回、本書の執筆にあたり、池永経営の鉄本一生氏と、油免剛史氏にお話を伺う機会を得たのですが、かつては同事務所も、インターネットにほとんど接続することのないような、保守的な会計事務所であったそうです。しかし、クラウド会計ソフトのfreeeとマネーフォワードが登場した際に、「会計の世界が変わる」と確信し、ITについて積極的に学ばれるようになったそうです。その活動の延長線上で、IT顧問化協会も池永経営さんと知り合うことができました。

本書でも述べたように、IT化されていない会計業務にかかる手間は大変なものがあります。鉄本氏も、転記がとにかく多い業務において、かつての本業は転記間違いがないかチェックすることだったと述べておられました。また、保守的なIT導入をしていない会計事務所は、今でもムダだと思わずにそのような作業に打ち込んでいるそうです。

しかし、転記そのものやミスを圧倒的に減らしてしまうITが登場した今、別の価値を提供できる。また、そんなゲームチェンジャーとなったITの導入をサポートできること自体も、ひとつの価値になっている——。

本当に、素晴らしい事例だと思います。そして、石川氏が考えるように、士業は多数の企業と関わりを持つハブであるため、士業が変わることが、企業を変えることにつながると痛感します。

時折、ITの威力を理解しつつ、だからこそ、「自分たちの仕事が奪われてしまうのではないか」と、そこから距離を置こうとする方を見かけます。

しかし、ＩＴによる時代の変化を早期にキャッチアップしたことで、**中立のお客様視点でバックオフィス最適化のお手伝いもできる会計事務所**となり、専門家のチェックという仕事が減って価値を下げるどころか、福山市で圧倒的な支持を集めている池永経営の事例に触れると、そのような姿勢は間違いだと教えられます。

また、詳しくは第５章で触れますが、私はそのような変化・成長ができるのが、ＩＴの真の価値だと感じています。

ＩＴがあるからこそ、私たちは時代の変化に適応できるのです。

第4章

IT活用の「よくある疑問」一つひとつ答えます

1 非効率な業務を変えたいけど、ウチの業務は特殊だから無理だよね？

第1章から第3章までお読みいただき、IT活用によるバックオフィス最適化によって、どんな変化が期待できるのかがイメージできたのではないでしょうか。

この第4章では、そのイメージをさらに具体化していただくために、実際に私たちに寄せられる疑問の中から、特に多いものをピックアップして説明していきます。

まずは、「自社の業務内容が特殊で、IT導入が難しい」と考える企業についてです。

このような質問は多くあります。知人の経営者が褒めていたITシステムを自社に導入してみたところ、うまく活用できなかった――というケースが多数派です。

そして、よくあるのが、その理由を「弊社の業務が特殊だから、○○社さんのようにうまくいかなかったのでは……」と推測されるパターンです。

しかし、多くの場合、原因は別で、たいていIT導入を試みた業務の内容に問題があります。

ＩＴ活用は、「元の業務をブーストする装置」と言えます。手で回していたプロペラ（業務）を電力やガスタービンで速く、簡単に回す力がＩＴです。ただ、きちんとしたプロペラならよいのですが、軸が曲がっていたり、強度が弱かったり、部品の接着がいい加減だったりしたら、最初は凄い速さで回っても、そのうちにプロペラのほうにガタがきてしまいます。

私たちが企業の現場に入ると、最初に「現時点で非効率と見られる業務の内容」を可視化していきます。

具体的には、本書で紹介した従業員軸や顧客軸の業務フローのような図にして、さらに、それぞれのセクションの中身を詳細に書き出していきます。

たとえば、出勤簿を使っていた企業の勤怠管理の中身を可視化するなら、人が行う作業を順番に書き出し、情報やお金の流れがどうなっているのかを見ていきます。

かなり簡略化してしまいますが、出勤時刻と退勤時刻を従業員が書く。上長が承認印を押す。経理担当者や人事担当者が出勤簿を回収して、通常勤務時間、残業勤務時間などを計算して、給与や手当を求める——。

このような業務フローの詳細な可視化を行うと、結構な確率で、最新のＩＴシステムから見ると「ムダな作業」が紛れ込んでいます。

この例で言えば、手書きの出勤簿だと、残業代の不正受給があっては困るので上長が承認印を押しているのでしょう。これは、不正打刻ができない勤怠管理システムを導入すれば、そもそも不要になる手順です。

しかし、「出勤簿の場合、上長の不在時は、上長印を誰かに預けて、その人が承認印を押していた。本当はよくないことだけど、システム化して上長が不在だったら？」などと悩んでしまう企業は少なくありません。

不在時どころか、そもそもその承認自体も不要になるので、正解は「考えなくていい」なのですが、ITシステムの導入イメージをきちんと描けていない企業がサポートなしにIT導入を試みると、ムダな作業についても「どうすればいいんだろう」と考えてしまうのです。場合によっては、ムダな作業だけに、導入したいツールに対処する機能がなく、「これができないんじゃあ使えない！」となってしまう。

勤怠管理で言うと、残業申請についてもよくそんな相談を受けます。「残業の事後申請はよくないとわかっているのですが、ウチはそればっかりで……。こういうよくないことは勤怠管理システムだとできませんよね？」といった形です。

これも、「事後承認が常態化している」という間違った状態がベースで、それをITで効率化しようとする考えからくる質問です。

そうではなく、現状の環境ではそうなる。でも、だからこそ勤怠管理システムで「事前申請が当たり前」になるようにする――。これが、正しいIT活用です。スマートフォン上でも使えるので、「上長が直帰だから事後申請するしかない」など、そうせざるを得ないシチュエーションも大幅に減らせます。

パーソナルトレーナーが、骨格の歪んでいる人の筋力アップを試みる場合、まずは「体の使い方」から直すはずです。それをせずに筋トレだけしても、骨格の歪みが悪化して、最終的には体をより悪くしてしまうことが多いからです。

同じように、企業の業務フローも、治療に入る前に「診察」から始めます。

現状を可視化し、理想の業務フローにはいらないプロセスを取り除いていく。そうして、しっかりしたプロペラを用意してから、自動で速く回す方法を考える。一見特殊に見える業務でも、やるべきことのみに集中できれば簡単だったりします。また、実際に特殊な業務であっても、部分部分にフォーカスして丁寧に手当てをしていけば、非効率な部分の最適化は可能です。

第1章で、データ連携は重要だけれど、「どう組み合わせるか」は、実はそこまで気にしないでよい――と説明しましたが、1つのITシステムを導入するだけでは不可能な業務フローであっても、さまざまな手を尽くせば最適化は必ずできます。だからこそ、そこでも述べたように、「こんな風にできればいい」というビジョンが何よりも大切になります。

そして、言うまでもなく、理想のビジョンには、ムダな作業の入り込む余地はありません。

しかし、どうしても人の手が入る作業は、時間が経てば経つほど、関わる人が増えれば増えるほど、ミスを避けるために複雑化していくものです。

勤怠管理の上長承認も、最初に不正が発覚するまではなかったかもしれません。給与計算を手入力でする場合は、何回かのチェックをルール化している企業が一般的

■ ここもチェック！

〔例〕月末の処理はこう変わる

①対象者はエクセルや紙で記入
②印刷して上長捺印をもらう
③経理に提出し、経理は勤務時間や残業時間、有給消化などを算出
④給与計算をする

↓ 勤怠管理システムなら

①日々打刻・上長承認
②勤務時間や残業時間が自動集計され、自動で給与計算に持っていける

だと思われます。

そのようにして、次第に承認や確認が必要な範囲が広がっていき、「組織を、従業員を守るため」という大義名分があるだけに後戻りできず、間違いようのない申請にも承認が求められるなど、手間がかかる習慣が形成されていき、それが「当たり前」になってしまう――。

そのこと自体は、まったく間違っていません。大切な意識だとも思います。

ただ、技術の進歩によって、今、実際に「心配しなくてもいいこと」がとてつもないスピードで増えているのです。

ですから、第三者に頼らずにＩＴ導入を試みるなら、まずは目をつけているツールのウェブサイトなどを徹底的に調べて、ＩＴによってできること、できそうなことを、可能な限り詳細に調べて可視化してください。そこに、御社の理想のビジョンのヒントが詰まっています。

そして、その知識を得た上で業務フローを可視化していけば、「ＩＴ活用で効率化できる作業」だと思っていたものの多くが、「適切なＩＴ導入をすれば不要な作業」であることがわかるはずです。

2 積極的に新しいサービスを試しているのに、逆に業務が煩雑になっているんだけど……？

これも非常に多い「あるある」です。

前項の相談は、ＩＴ導入に失敗した状態です。対してこちらは、ＩＴシステムの導入自体はできたものの、〝活用〟どころか足を引っ張るパターンです。本書のタイトルに照らして言うなら、バックオフィス最適化のマップなしに、間違った方向に進んでしまった格好です。

この状態に陥ってしまうのは、トップダウン系の企業であることが一般的です。

きっかけは「○○さんがいいと言っていた」といったよくある理由なのですが、導入を始めた後に問題があります。**業務の効率化としての「手段」であるべきＩＴ導入が「目的」になってしまうと、現場から疑問が出ても導入を推し進めてしまう**のです。

「○○さんの会社で効果が出ているのに、ウチで出ないはずがない。もっと使って慣れていけば効果も出るだろう」

などと経営者に言われると、現場としてもあまり言い返せません。実際、自社に合ったツールを選んでいても、導入当初は慣れずに生産性が下がってしまうケースもあるだけに、「もう少し頑張ってみるか……」となりがちです。

しかし、最適化のマップと目指す方向が大違いだと、時間をかけても結局のところ生産性は上がりません。

また、トップダウンのＩＴ導入でもう1つ注意したいのが、**部門最適にはなっても、全体最適になっていない場合**です。各セクションの効率化を果たすシステムを入れても、連携がなければ、会社全体の手間が増えてしまうことすらあります。

たとえば、経営者や上長の独断で、ある部門だけＩＴ活用に成功している。ただ、会社全体で見ると変化が感じられない――といったケースも考えられるのです。

これは、作業をロボットに代替させるＲＰＡでも考えられるパターンです。

人力で行う単純作業が多い企業の場合、システム化よりもＲＰＡが合っていることもあります。しかし、トップダウンでＲＰＡを推進されると、現場では「自動化できる作業を探す大会」になってしまい、実際にロボット化しても微妙な結果に終わることもあります。基本的にロボット化するなら、相当な量の単純作業がないと費用対効果的に見合いません。

そして、よくあるのが「全部はロボット化できない」パターンです。

10の作業があるとして、1〜5まではロボット化、6は人間のチェックが必要、7〜9はロボット化。9から10のデータ変換は人間——といった業務だと、結果的に楽にならない可能性もあります。

対策としては、業務フローを可視化し、ムダな作業のない、最適化された業務にフィットするシステムを検討します。

ここまでは前項と同じ話ですが、その上で、全体を見て考えることが大切です。情報（それが紙なら、できるだけデジタル化する）やお金の動く方向を意識して、フレームワークに沿った流れそのものを最適化できるようにするのが理想です。

デリバリーがメインの飲食店で、配送用の原付バイクが壊れてしまったとします。その問題を放置して、厨房の作業を効率化できる調理器具を導入するのは悪手です。まずはバイクを直すか新調するかしたほうが、全体の流れはスムーズになるでしょう。

企業の業務フローの諸要素はお金に流れ着くので、繰り返しになりますが、全体を見て適したシステムを考えるなら、会計からの逆算がおすすめです。

また、現場に問題があるケースも考えられます。

経営者は基本的に、活動的で情報収集力もあり、先進的な思考・技術を取り入れたいと考える人が多いです。しかし、従業員がそうとは限りません。本当にITが苦手で、現状のPCを使った業務も必死で身につけた人だっているかもしれません。

ITが苦手な方が多い企業では、適切なツール選びができていても、導入には苦労します。IT活用の効果を考えれば、それでも新しいシステムに移行するべきだと私は考えますが、かなり根気よく、丁寧に使い方を教えていく必要があるでしょう。

気をつけたいのが、どれだけ良さそうなシステムがあっても、きちんと検討する時間を持つことです。

この相談の場合、すでにシステムを「入れて」しまっているわけですが、まずは「試して」みましょう。

また、試すにしても、長い目で見て、他のセクションとの連携も考える視野が必要です。一瞬のモチベーションが上がればOK、という話ではないのです。

RPAなどは、ハイテクで楽だしインパクトもあるので、導入されると初見でテンションが上がるものです。しかし、それに慣れると「この量の作業を自動化するのに、ここまでやる必要があったか……?」となる可能性もあります。

そのような事態を防ぐには、知識のある経営者や担当者が、会社全体を見ることが大切です。試すだけなら現場マターでもよいのですが、導入の可否は、広い視野と専門的な知識をベースに判断しないと危険です。

ちなみに、本書の想定読者層には、ＲＰＡよりもＩＴシステム導入のほうが合う可能性が高いこともあり、ＲＰＡについては詳しく触れていません。少し先の話になりますが、ｅＣＩＯメンバーの大西亜希氏が、その名も『惜しすぎるＲＰＡ（仮）』という書籍を２０２１年に刊行予定です。ご興味がある方は、ぜひそちらもチェックしていただければ幸いです。

3 実際のところ、IT投資っていくらやればいいの？

多くの経営者は業務改善をする場合、「投資対効果」を気にします。

しかし、最新のITシステムの多くは、月額料金制のツールが多く、ひと目でパッと金額がわからないことも多くあります。そこでこのような相談がなされるわけですが、正直なところ、その場で具体的な回答を出すのは難しいのです。

なぜなら、そのためには、「IT活用の設計図」を考える必要があり、それは実際に現場をある程度見なければ描けないものだからです。

ただ、第1章でも触れたように、最新のITシステムによるバックオフィス最適化に必要な金額は、その機能を考えれば割安と言い切っても差し支えありません。

私がよく指標として言っているのは、「**1人あたり月5000円あれば、社内の環境はとても良くなる**」というものです。

一部の営業管理システム等を除けば、本書で紹介したツールのほとんどは1人あたり月数百円～1000円程度で利用できます。名刺管理・勤怠管理・経費精算・給与計算などをシステム化して、グループウェアとChatworkやSlackなどのコミュニケーションツールを入れても、おそらく5000円行くか行かないか、といったところです。かく言う私自身も、システムの月額利用料が5000円程度です。これだけのツールがあれば、ムダな作業が大幅に減ります。人件費や紙代、印刷代などが減ることで、月に数千円の経費が増えるどころか、トータルでは利益を上げられます。

高額なツールを使うにせよ、たとえば営業管理システムのSalesforceで最も利用されるプランの「Enterprise」は月額1万8000円ですが、営業担当者が使えばよく、全従業員が導入するツールではありません。

また、高額なツールにはそれだけの理由があり、すべての企業が高額なツールでしか担えない機能を必要とするわけではありません。営業管理なら、Zoho CRMで過不足なくできる企業も多いです。Zohoで最も利用される「エンタープライズ」なら月4200円で利用できます。

企業によっては、インフラ整備やウェブマーケティングのために、大きな初期投資が発生する可能性はあります。

ただ、そのような投資が必要な企業というのは、裏を返せば、「それだけの投資をすればバックオフィス最適化を実現できる」ということであり、経費削減や売上アップで利益を出す期待値が高いということです。

その上、社内サーバーを導入したり、イチからウェブサイトをつくることになったりしたとしても、その出費は中小企業の場合、最大でも数百万円の範囲に収まるはずです。

たとえば、これまで通りの環境をベースに業務改善をしようと、新しく基幹システムを開発するとすれば、場合によっては数千万円単位、企業規模によってはそれ以上の開発費がかかります。そして、その基幹システムが、各種ＩＴシステムの活用以上の効果を出せない可能性も、個人的には少なくないと考えます。

これら諸要素を鑑みれば、少なくともひと昔前のシステム投資に比べれば、金額も安く、投資対効果は高くなるでしょう。

4 クラウド系と社内にサーバー置くのってどっちがいいの？

この質問は、オンラインストレージサービスの利用に限った話ではありません。

「ポストモダンＥＲＰ」のコラムでも触れましたが、基本的にはクラウド上で利用されるシステムでも、クライアントの社内サーバー上で運用（オンプレミス）できるものも多々あります。クラウドで使えるツールをオンプレミスで運用する最大の利点は、自社サーバー上にシステムを構築する際に、自社に合ったカスタマイズができる点です。ただ、その分設定・導入費用はかかるので、クラウドツールほどの割安感はありません。

また、専門家のサポートがあったほうが安心ですが、クラウド版でもたいていのツールはある程度のカスタマイズが可能で、オンプレミスでなければできない、というわけではない点にも注意が必要です。

そして、このような質問をされる方が想定しているのは、セキュリティ面の不安であることが多いのですが、すでに述べたように、セキュリティを気にするならクラウドが安心です。

専門的な知識を持つスタッフが常に対応し、必要なアップデートはシステム側で対応してくれます。

サーバーにもしものことがある可能性は、クラウドツールのサーバーにも、社内サーバーにも言えることですが、保守管理の質が高いのは間違いなく前者ですし、複数拠点のサーバーに暗号化したデータを分散しているので、仮に1つの拠点に天変地異があったとしても、問題なく運用できる可能性が非常に高いです。逆に、社内サーバーのみの運用は、そのような非常時の対応に不安があります。

IT資産管理についての説明等で触れたように、何となく「クラウドだとこんな不安があるのでは？」と素人目に見える要素の対策は、ほぼすべて準備されていると考えて大丈夫です。

ただし、当然ながらすべてクラウドが良い、というわけではなく、一長一短はあります。

どこからでもアクセスでき、情報の共有が簡単なクラウドですが、ファイルが遠く離れたサーバー上にあるので、重いファイルだとファイルを開くのに時間がかかる場合もあります。

従業員が使用しているPCやスマートフォンのログを取るために、その作業内容を記録するべく常時通信する必要があるIT資産管理ツールは、かなりの通信量が発生するので、第2章でも述べたように、一定以上の従業員数の企業だとクラウド版が利用できません。142ページのコラムで触れたＷＳＵＳも、自社サーバーでの運用が前提となっています。

裏を返せば、映像データなど、大きなファイルをよく扱う企業の場合は、社内サーバーを導入するメリットは大きいです。ただ、その場合も小さな確認用ファイルはクラウドで共有するなど、併用していいとこ取りをするのがベストです。社内サーバーにある大きなファイルのバックアップをクラウドに保存する――といった使い方も考えられます。

また、士業などでは、専用の共有ソフトを使って、ファイルが流出しないように外部とのネットワークを遮断することもあります。小規模でも、機密性が求められる情報を扱う企業は、社内サーバーの導入を検討してもいいでしょう。

5 コミュニケーションツールが煩雑化している今、どうまとめればいい？

電話とメールしかなかったところに、メッセンジャーやチャットツールが登場して、またたく間に普及しています。

バックオフィスの業務改善にＩＴシステムを使うイメージはない方も、家族とLINEをしたり、名刺交換した人とFacebookメッセンジャーでやり取りしたりと、その圧倒的な便利さを肌で感じているので、「チャットツールを使っている」という企業は多くあります。

しかし、繰り返しになりますが、「何を使ってもいい」という話ではありません。**部門の壁を超えてバックオフィス最適化を図るには、社内のコミュニケーションツールを1つに統一することが大切**です。

ここで大切なのは、「何を使うか」よりも、まず「有料版を使う」ことです。

無料でも十二分に使えるツールばかりですが、仕事の生産性を上げるためには、有料版のみの機能が大きくモノをいいます。ここは経営にとって必要な投資だと認識してください。

特に、第2章でも述べたように、社内の統一ツールをLINEにするなら、絶対にビジネス版のLINE WORKSを導入しましょう。プライベートでほとんどの人が使うLINEに仕事のやり取りを混在させるのはセキュリティ面で大変なリスクがあります。

その他のチャットツールにしても、必ず、社内の責任者が、他の従業員のアクセス制限やアカウント削除をできる機能を持つものを選びましょう。

また、プライベートとの切り分けも含めて、チャットによるコミュニケーション方法をしっかりと決めてルール化しておくことも大切です。

近年、社内SNSをコミュニケーションツールとして効果的に使っている企業も増えていますが、当然ながら社外の人は利用できないため、社内SNSとチャットツールを併用する企業も多くみられます。

Chatworkや Slackが存在感を発揮しているのは、外部とのコミュニケーションツールとしての使い勝手の良さだと感じます。今後は、社外とのコミュニケーションもチャットで行うケースがどんどん増えていくと考えられます。そのため、チャットのルールについては、「社外との利用方法」も決めておくべきでしょう。

第5章

さらに業務を「最適化」していくには

1 「仕方ない」と諦めていることは、意外とＩＴで解決できる

本書の最後となるこの章では、発展編として、本書で紹介したＩＴシステム等を導入するだけでなく、「業務の最適化」を常に意識し、必要に応じて使用ツールを変更・アップデートできる企業文化を育てていくために必要な考え方をお伝えしていきます。

まず大切なのは、「ムダな作業」を探す意識です。

大前提として、先にも少し触れたように、その意識が間違った方向に伸びてしまい、システム化する必要のない作業をＩＴ化するようでは問題です。「明らかに手間だ」と感じられる作業の多くは、ＩＴ活用でカットできる時代になっています。

効率性に疑問がある作業があったら、調べてみる。たとえＩＴシステムを使っていても、その意識を忘れてはいけません。今使っているツールが陳腐化して、その点を解決している別の新ツールがリリースされている可能性もあるのですから。

いったんＩＴ導入に成功しても、それがゴールではありません。大切なのは「ベストなＩＴ

活用の実践」です。時代や環境が変化すれば、システム運用のベストな形も変化していきます。

そして、ＩＴ活用の推進には、現状の問題点を探すことと同じくらい、あるいはそれ以上に、新システムを導入するための根回しが大切です。

他の章でも少し触れましたが、ＩＴ導入を進めると、必ず反発は出ます。これからＩＴ活用を進めていきたい企業のみなさんも、それは覚悟してください。気の持ちようで対応の難易度は大きく変わるので、わかっていれば事前の準備や対処のしようもあります。

私たちｅＣＩＯの仕事でも、ベストなＩＴ活用の環境を考え、バックオフィス最適化のマップを描くのが最大の見せ場ではあるのですが、社内をどう説得するか、どうやってＩＴ導入の機運を高めていくかも重要な業務になります。

経営者はどう社内をまとめていけばいいか

では、どうやって社内をファシリテートしていけばよいのでしょうか。

経営者目線では、「現場を理解し、寄り添う姿勢」が大切です。

経営者がＩＴ活用したいと思っているものの、「でも、現場が動いてくれないから……」と悩んでいる企業は少なくありません。しかし、その原因が現場だけでなく、経営者ご自身にもあるケースが多々みられます。経営者が「ITでこれを変えたい」と言って、現場が「やりましょう！」と応じてくれるなら話は簡単ですが、単に「変えたい」と言うだけでは反発を招くこともあるのが実情です。

よくある理由は、経営者が「効率化したい」という業務フローを考えたのが、本人であることです。そのため、生産性の低さを問題視する物言いをするだけでは、「そのやり方を構築したのは社長ですよね」という不満を持つ人が出てくるのです。

そもそも、問題解決のビジョンを、経営者やITの専門家のように明確に持っていなくとも、現場で働く方々も社内のさまざまなところに問題を感じていることは多くあります。

しかし、何かしらの変えられない理由があるからそのままになっている。それは、変革に反発する人の存在であるかもしれませんし、経営者の無理解であるかもしれないのです。

たいていは、どこかで矛盾やギャップが生じています。現場目線でよく伺うのは、「社長が効率化しろ、と言うので案を提出したら『投資対効果は？』『そこがクリアできないとお金は出せない』などと言われる」——といったお話です。もちろん、大金をかけてあまり効率化できないプランでは問題ですが、そのようなことを言われると、現場も「それならこのままでいいよ」と思ってしまうのが人情です。

単に「効率化したい」というのは経営ビジョンではありません。すべての人がそう思う、当たり前のことです。経営者が現場を変えたいと思うなら、そのための武器や機会を与えてください。「効率化したいから、提案とデータを持ってこい」で済むのは、よほど風通しのいい企業か、ＩＴに詳しい優秀な人材の多い企業くらいです。

大切なのは、経営者や責任者が現場に歩み寄ることです。

「今の状態は問題がある。その責任は私にあります。どうにか効率化していきたいので、みんなで課題を共有して、どのように変えていけばいいのか、きちんとコンセンサスを取った上でやっていきたい」

このような態度を示し、現場から提案をどんどん吸い上げましょう。

そして、上がってきた提案は先入観なく見ていく。その上で、効果のありそうな気になるツールがあれば、その段階で投資対効果を検討してください。そこでも、上から押し付けるのではなく、「いい提案だと思うので、投資対効果を具体的に検討してほしい」と依頼しましょう。

効率化が必要なオフィスなのですから、現場のみなさんは日々の仕事に追われています。そのため、そこに歩み寄る姿勢を見せることが大切です。場合によっては、経営者自ら調査してもよいのです。

加えて大切なのは、ファシリテートによって多数派を形成する意識です。

どれだけ丁寧にプロセスを進めても、現状のままでよいのでは、と考える人はいます。それでも、ＩＴ導入をするべきだ、という意見が多数派になれば説得できます。

みなさんが現場で働く立場で、自社でＩＴ活用を進めたい場合は、特にこの意識が大切です。社内で少数派の意見では、経営者を動かせません。また、多数派というのは人数だけでなく、「声の大きさ」という基準でも考えられるので、理解のある経営者なら、先にトップを口説くのも効果的です。

私たちがお手伝いする事例でも、現場に根気よくＩＴ導入のメリットをお伝えして、機運を高めていくのが初期の重要な業務になります。

――と、ここまで説明してきましたが、ｅＣＩＯにご相談を寄せられる企業や経営者は、基本的に意識が高く、現場の問題点を認識されていることがほとんどです。

問題は、そうでない経営者や従業員の方々が少なくない点です。ムダな作業をムダだと客観視できるのも、ある程度の知識あってのものです。そのような企業において、経営者や現場の理解を得ていくのは簡単ではありませんが、方法論としては「コスト意識に訴えること」をおすすめします。

「裏紙を使う」は真の解決になっているか？

日本企業は、経営者も従業員も、節約意識の高い人が多いと感じます。これは長所でもありますが、短所でもあります。たとえばコピーに裏紙を使うことがあります。それ自体は悪いことではないのですが、そもそも紙やコピー自体を使わずに済む方法がたくさんあるのが今の時代です。ところが、「裏紙を使う」こと自体が、紙ベースの仕事目線ではコスト削減につながるので、それを疑う意識はなかなか生じません。

そういった習慣に、今はそれ以上にコスト削減につながるツールがあり、使用料はかかるが、それ以上のメリットが見込めるのだ、と伝えていけば理解は得られやすくなります。

先ほども述べたように、単に効率化したい、というのは当たり前の考えで、効率化を果たせるのであれば、その分費用面などの負担があるのが普通です。

しかし、近年のＩＴの進化のスピードがあまりに凄まじいために、ＩＴ活用が進んでいない企業においては、利用料こそ発生するものの、業務の最適化に加えて、利用料以上の経費削減や売上アップすらも実現可能な状況になっています。

そんな企業の場合、ＩＴ導入に苦労はあると思いますが、それを乗り越えられればメリットしかありません。

「スピードアップ」よりも「なくせないか」を考える

ＩＴ活用できそうなムダな作業について考えるとき、大切なのは「仕方ない作業」ではなく「変えられる作業」と考えることです。

「ムダな作業の効率化」と言うと、その作業のスピードアップや自動化を思い浮かべる人もいますが、正解は「その作業をしないこと」であるかもしれません。

やらなくていい作業をスピードアップしても、ムダであることに変わりはありません。

私がバックオフィスの〝最適化〟という言葉を使っているのもそのためです。**探すべきは、「ムダな作業を最適化すると、どんな答えになるのか」**なのです。

そして、変えられそうなムダを探すときも、コストの感覚が役立ちます。

単に「ムダが多い」では抽象的すぎるので、どんなムダが多いのか、解像度を上げて考えていき、そのムダな作業を変える方法を探します。

その上で、コストの減らし方を検討してみましょう。たとえば紙を使う作業なら、紙の枚数を減らせれば紙代やインク代の節約になります。地球環境保全にもつながります。ただ、それ以上に削減できるのは、そもそも紙を使わないことです。それなら、「紙を使わない方法はないだろうか？」と考えてみましょう。

他にも、交通費の出費が多いなと思ったら、そもそも移動をしないでいい方法を検討する。

先方に出向かずとも、ウェブ会議で済む議題もあるのではないかと考えたり、役所などに行く回数が多ければ、電子申請が可能になれば、システム利用料はかかっても結果的に交通費や紙代が減って得をする上に、業務も楽になるのでは——などと考えるわけです。

コスト削減の道筋が見えたら、実現方法を検討します。

その答えが、IT活用とは限らないこともあります。電車代のかかっている用事が、社用車を使う営業マンが、業務のついでにできるものと判明するかもしれません。

バックオフィス最適化の答えが、そのようにシンプルで、すぐに対応できるものである可能性もあります。IT導入に苦手意識がある方は、ぜひ「変えられそうな作業」について考えてみてください。

それに、考えに考え抜いた上で、ITを活用しないと今の問題点は解消できそうにないと思うものの、「それなら現状のままでいい」と思うなら、それも1つの立派な結論です。

大切なのは、現場が「仕方ない」と半ば諦めながら働くのではなく、納得しながら働けることです。同じ仕事の進め方でも、現場が納得してそれを選んでいるなら、それだけで生産性は上がるでしょう。

コラム

何はともあれ原点は「業務整理」から

第4章でもプロペラの高速回転やパーソナルトレーニングの例を挙げましたが、**正しいIT活用を実現するには、その前段として「現状」を把握し、ムダな作業を可視化することが非常に重要**です。

そこで、ここではITシステムを導入する前に行うべき、業務整理のプロフェッショナルである、eCIOメンバー・髙島卓也氏のノウハウの一部を紹介します。

髙島氏は、業務効率化を図表15のような4つのステップに分類しています。

①は、業務を把握して、業務フローを見直すステップ、②は、「人の数だけルールがある」という方法論はITツールに援用できないので、属人化を防ぐために業務手順を共通化するステップ、③は標準化したルールを社内で共有するステップです。

ITツールのベンダーや専門家のサポートなしでのIT導入の場合、これらのステップを踏まずに、いきなり④のシステム導入に入ってしまうケースが多いと言えます。しかし、それではバックオフィス最適化は果たせません。何はなくとも、業務整理から始めるべきなのです。

業務整理のスタートは、現状の業務フローのヒアリングから始まります。そうして得た情報を整理して、タスクごとに見える化された対象業務のフロー図を作成します。本編でもたびたび触れている業務フローの可視化です。

次に、**次ページ図表16**のように、現状の問題点と、その課題解決の先にある、ありたい姿を整理します。この「ありたい姿」とは、本書の表現で言うと「こんな風にできればいい」というビジョンです。ITツールに知悉していなければ、そもそもIT活用の効果を具体的に想像できない方もいるので、このような形で専門家がイメージを見せることも大切です。

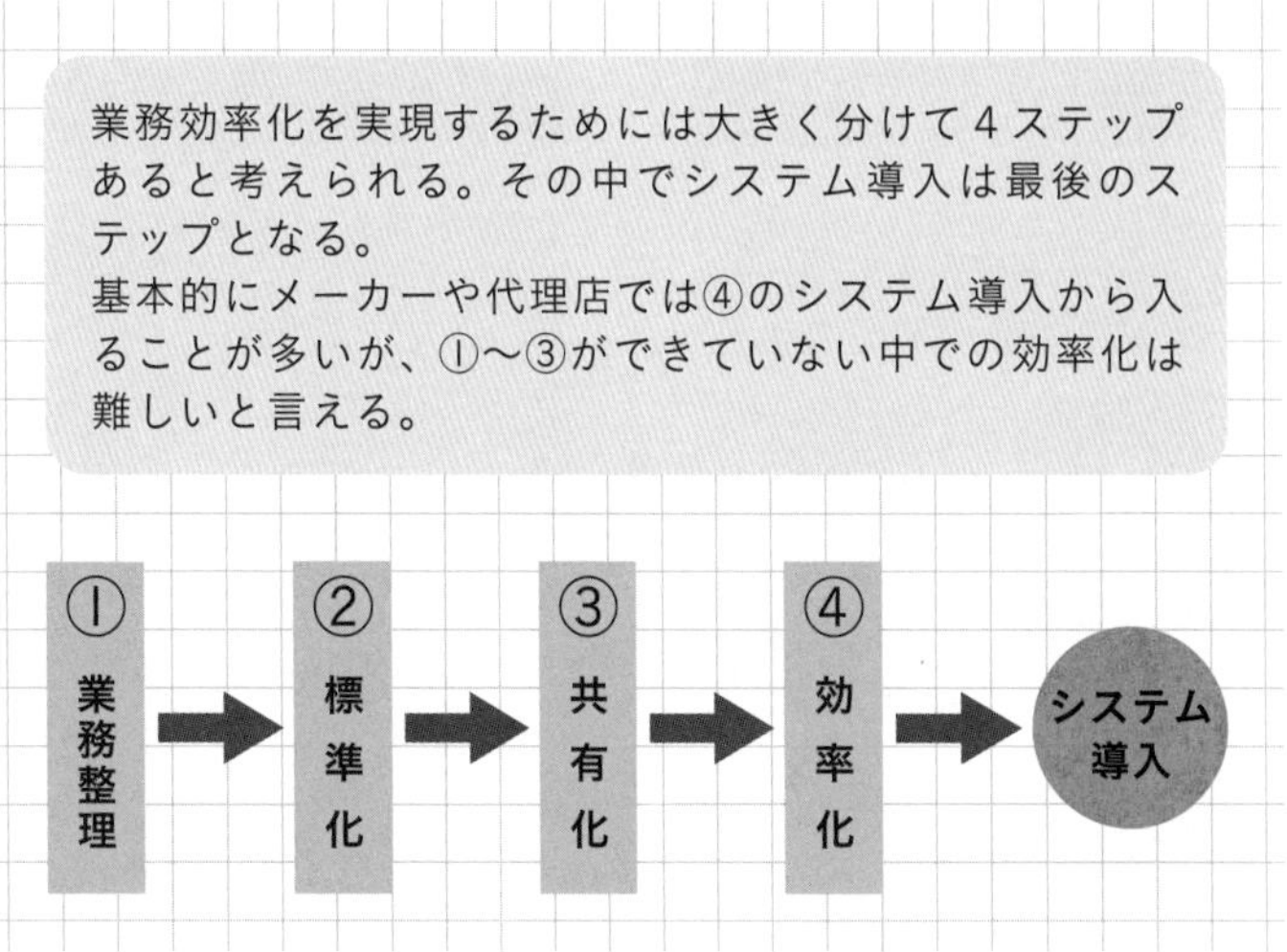
業務効率化を実現するためには大きく分けて4ステップあると考えられる。その中でシステム導入は最後のステップとなる。
基本的にメーカーや代理店では④のシステム導入から入ることが多いが、①～③ができていない中での効率化は難しいと言える。
① 業務整理
② 標準化
③ 共有化
④ 効率化
システム導入

図表15 業務効率化の4ステップ

さらに、現状の業務フロー、ITツールを導入した場合の業務フローも詳細に作成し、クライアントのIT活用を後押してい るのも重要なポイントです。

ベンダーや代理店によるIT導入に多い問題点として、「導入したツールが使われない」ことが挙げられます。

このようなケースは、クライアントの課題を解決できる、適切なツールが導入されていても起こり得ます。その原因こそが、業務整理の不足です。

導入前のステップを正しく踏むことで、**現場で働くみなさんが、「〝どうやって使えば〟ありたい姿になれるのか」**を理解することができるのです。

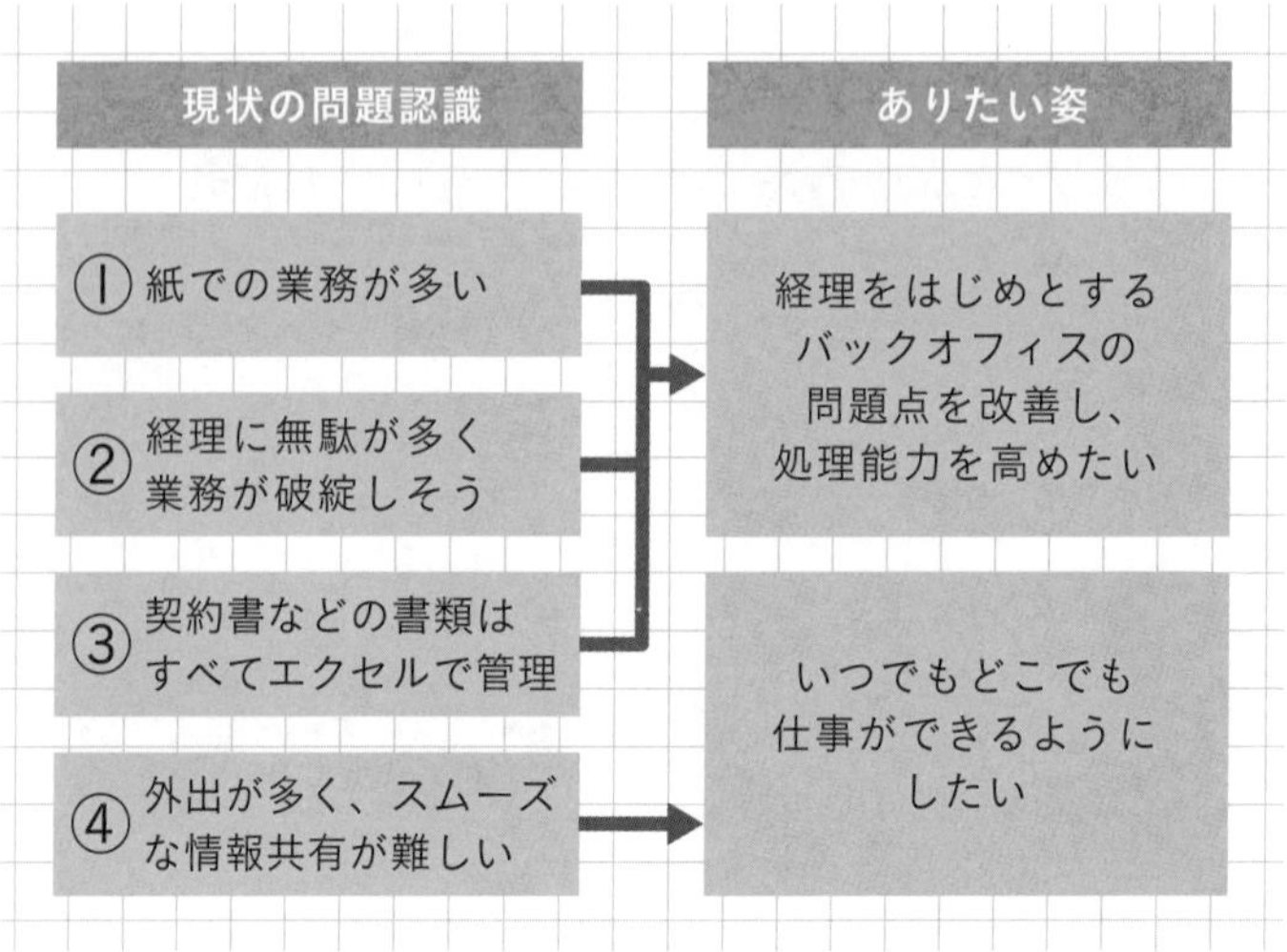
現状の問題認識
ありたい姿
①紙での業務が多い
②経理に無駄が多く業務が破綻しそう
③契約書などの書類はすべてエクセルで管理
④外出が多く、スムーズな情報共有が難しい
経理をはじめとするバックオフィスの問題点を改善し、処理能力を高めたい
いつでもどこでも仕事ができるようにしたい

図表16 バックオフィスにおける課題

2 社内の「旗振り役」を決める

専門家のサポートなしでＩＴ導入を進めるには、ＩＴ活用のリーダー的なポジションを用意して、ある程度の知識を持った人をリーダーとするべきです。

中小企業なら経営者がその役割を担ってもよいのですが、別に、現場で動ける人材もいるほうがよいでしょう。なぜなら、新しいツールの導入までは大変ですが、導入後も問題は起こるため、その対処が必要になるからです。社内で使い方を周知し、わからないという従業員には教えてあげられる人材が必要です。その役目を常に経営者が担当するのは難しいでしょう。

具体的にイメージをしやすくするために、私たちの実務の流れをご紹介します。

業務整理や、ＩＴ導入へのポジティブな空気づくりも同時に進めていきますが、そのような業務を除いて簡潔に記すと、次の3ステップになります。

①ＩＴによって何をするかを決める
②どんなシステム構成にするかを決める

③どのように導入していくかを決める

①と②は、私たちが旗振り役を務める部分ですが、③に関しては、たとえ社外の専門家としてeＣＩＯがいる場合でも、社内で周知する役割の方を必ず立ててもらっています。

私たちの仕事のゴールは、クライアントに「専門家のサポートなしでＩＴを活用できる」状態になってもらうことです。導入後もほとんどのお客様とお付き合いを続けていますし、ご要望があれば現場でのサポートもしていますが、その立場はあくまでも「顧問」的なもの。企業と顧問契約をしている税理士や公認会計士が社内に常駐しないのと同じ話です。

もちろん私たちもご質問やご相談は受け付けているものの、社内で他の従業員からの「ＩＴ活用に関する疑問」に答えられる方がいないと、その場での解決は難しくなってしまいます。

③については、もう少し具体的に説明していきましょう。

新しいシステムを導入したら、私たちは必要な従業員分のアカウントを発行し、カスタマイズや設定を行い、ルールも決めていきます。

ここで気をつけたいのが、ＩＴ導入によって新たに見えるものがあることです。

たとえば、勤怠管理システムを導入する場合、よく決める条件に「始業から何時間打刻がなければ欠勤とするか／有給を消化させるか」といったものがあります。

このように、今までシステム化されていなかった環境にＩＴ導入をすることで、新たに生まれる概念や検討するべき要素が生まれる場合があるのです。

私たちは、そのようなポイントを洗い出し、現場にフィットさせるためのやり方や、その運用ルールを考えます。ここで統一ルールがないと、どうしても個々人が勝手な使い方をしてしまいます。

そのような設定や条件決め、ルール決めが済めば、実際の使い方は私たちではなく、ＩＴツールのベンダーの方が教えることもあります。

ただ、ＩＴツールは利活用が命です。すべての機能の手ほどきを受けても、使わないまま終わる機能も少なくありません。そのため、ベンダーの方がサポートする場合は、事前に私たちが運用ルールを設定して、「こう教えてください」とクライアントに適した使い方をお伝えしています。


ＩＴ導入によって生まれる新たな概念や、企業にあったツールの設定やルール決めについては、かなりの知識や経験が求められます。**自社でＩＴ活用に取り組む場合に意識してほしいのは、「情報編集力」を養うこと**です。

社内での旗振り役になる人材には、この情報編集力と情報処理力が求められます。

後者に秀でたＩＴに詳しい方は少なくありません。ただ、前者はそれなりに専門的な領域になります。文字のタイピングやフリック入力の速さが情報処理力で、情報量をそのままに、入力文字数を減らせるのが情報編集力と考えてください。

ＩＴ活用においては、全体の業務フローを可視化する能力も情報編集力と言えます。業務の全体像――紙やデータの情報、お金の流れなどを具体化できれば、「これがシステム化されたら現場はどう変わるだろう？」といった推測もしやすくなるはずです。

3 組み合わせで「どうやったらできるか」を発想する

本書で繰り返しお伝えしている考え方ですが、改めてお伝えしたいのが「組み合わせる発想の大切さ」です。IT活用の実践を内製化するには、特に重要な考え方です。

大きなシステム投資の経験が基幹システムのみ、という企業は少なくありません。そうした環境しか経験がないと、「1つの箱の中で解決する」以外の方法論を知らずに、ポストモダンERPのような組み合わせの発想を持ちにくくなります。

もちろん、1つの箱で済むなら、それが理想です。労務管理も顧客管理も営業管理も販売管理も会計も……従業員軸と顧客軸の全セクションを1つのシステムで最適化できれば一番楽でしょう。しかし、「つくってしまった箱」は簡単には変えられません。

技術の進化や、社会情勢の変化で、箱の形に合わない業務は必ず出てきます。

その変化に合わせて、新しい基幹システムをそのたびに開発するのは大変です。もちろん、数千万～数億円の投資に見合うと判断できれば、基幹システムを新調するのも1つの手ですが、それは難しい企業も多いでしょう。

そこで、常に時代に合ったIT活用をしたいけれど、基幹システムの一部はまだまだ現役で使える企業のために生まれたのが、ポストモダンERPという考え方です。

また、そもそも基幹システムもない企業なら、自社の業務フローの各セクションで、それぞれ別のITシステムを導入することも考えられます（会計からの逆算とデータ連携は意識したいところです）。

もちろん、個別のITシステムを使っても、箱の形と業務の中身が合わなくなるケースは考えられますが、大きな箱を使う場合よりは変更が容易ですし、クラウド型のツールの場合、時代や業務内容の変化に合わせ、箱が形を変えてくれることも期待できるのが大きな利点です。

私個人としては、変化への対応力が高い、小さな箱の組み合わせでIT活用するのを基本方針とするべきだと考えます。

特にこれからは、時代の変化によって、働き方のスタイルも大きく変わっていかざるを得ません。それどころか、働き方の変化がさらに加速していくことでしょう。

自分のやり方という箱を確立することも大切ですが、その箱が時代に合わなくなったときのリスクは常に想定してバックオフィス最適化のマップを描くべきです。

「いつでも変えられるか」が重要になった

これから重要性が年々上がっていく観点は、「いつでも変えられる仕組みになっているかどうか」です。

私自身の事例でも、ＩＴ導入のお手伝いを契機に新規事業を立ち上げたクライアントがありますが、これから何十年・何百年と企業活動を継続していこうと考えるなら、同じ事業だけではやっていけないと考えるべきでしょう。

富士フィルムが、カメラのフィルムのための基幹システムで化粧品を開発しているとは思えません。業務内容に合わせてシステムを変えていっているのではないでしょうか。２１９ページのコラムで触れた、池永経営会計事務所の業務内容の変化も、組み合わせによって形を変えられるＩＴあってのものです。

新型コロナウイルスの影響も、このような流れを促進するはずです。

少し前までの、自社にとっての「ベストなＩＴ活用」の設計図は、オフィスベースであった企業がほとんどだと思います。

しかし、２０２０年の春に、その箱の形に合わないことから、日本中でさまざまな不都合が発生したわけです。もちろん、誰もがテレワークをするのがベストとは思いません。ただ、オフィスの中で働くスタイルが主流ではなくなる可能性がある中で、従業員が望んだときに、他の働き方ができる環境を提示できるか否かは、優秀な人材に選ばれる企業になるためにも、大切な要素となるでしょう。

ですから、今はまだオフィスベースでも、「いつでも変えられるか」が重要なのです。

そのような変化に対応できる箱の形を考えるためにも、組み合わせの発想は大切です。

この場合は、自分たちが仕事をする場所、そのために必要なツールなどを考えます。そして、オフィスや家など、複数拠点で働く可能性が頭に浮かんだら、会社と自宅を組み合わせて考えるのです。

どちらかだけ、という極端な発想は危険です。

今後逆に、自宅の仕事が難しくなる社会問題が起こるとも限りませんから、会社も自宅も必要な仕事場所と認識して、どちらで働くことも可能な組み合わせを想像する。

そして、その組み合わせに必要な箱の形を考えて、今の自社の箱が合わないようなら、早めに変更に向けて動くべきです。

システムの刷新を短期間で一気に済ませようとするのは困難です。現状はオフィスオンリーでOKでも、いつかテレワークの必要性が出てきそうだと感じたら、今のうちにその組み合わせに対応しやすい会社に変えていくべきだと私は考えます。

見落としがちな「小さな組み合わせ」

もう1つ、これまでのような大きなシステムの組み合わせだけでなく、「小さな組み合わせ」にも注目してください。

それが、大きなイノベーションを生むこともあります。

たとえば第2章で紹介した、オンラインストレージサービスのファイル共有機能。URLからクラウド上のファイルにアクセスできる機能をメールと組み合わせると、メール通信の通信量を大幅に抑えられます。間違ったファイルのURLを送ってしまったときも、メールに添付するより対処が楽です。

オンラインストレージサービスを開発したベンダーは、最初からこのような使い方を想定していたわけではないと思います。もっと大枠の、「インターネット上に簡単にファイルを置いて利用できたら便利だ」という考えから生まれたものではないでしょうか。

想定される使い方で、魅力的なツールの機能を最大限に発揮することも大切ですが（ITが苦手な人は普通に使いこなすのにも慣れが必要です）、「何か新しい、面白い使い方ができないか」と考える発想によって、みなさんのＩＴ活用の可能性が大きく広がるかもしれません。

そして、そんな新しい価値を生むのも、多くの場合、組み合わせです。

ツール単体でできることなら、ベンダーが気づく可能性が高いはずです。それよりも、そのツールと別の何かを組み合わせるほうが、驚くべき活用方法が見つかりやすいと思います。

4 情報はどこから取ってくるといいか？

自社の人材のみで、時代の変化に対応したＩＴ活用を実現し続けるには、情報のアップデートが必要不可欠です。

ＩＴ活用についてインターネット上で発信している専門家のブログや note の記事をフォローしたり、ベンダーの展示会に足を運んだりなどして、「インプットの機会を持つこと」を習慣化してください。

ただし、ＩＴ活用は情報を得るだけでは難しい点もあります。

展示会などでは、インターネット上で見るだけではわからない情報も多く得られますが、ベンダーは基本的に良いところしか教えてくれないと考えるべきです。

また、教えてくれた人が問題点を理解しておらず、良いことだけを聞いてしまう可能性もあります。

たとえば、第2章で触れたＭＤＭ（モバイルデバイス管理）を活用し、情報流出を防げた事例を知人の経営者に聞いて、自社での導入を考えたとします。しかし、自社では資金援助のみを行い、従業員の使い慣れたものを買わせていて、iPhoneとAndroidが混在していたら……。

この場合、MDMの導入には苦労します。Androidは比較的容易なのですが、iPhoneでMDMを使う場合、購入の時点でそのための契約を結ぶ必要があります。知人の経営者はそのことを知らなかった——ということもあり得るわけです。

「まず試すこと」が大事

このような、システムの導入についての情報を確かなものとするには、基本的には経験あるのみです。

各ITツールのウェブサイトには導入事例がたいていあり、「できること」のイメージは豊富なのですが、「どう使うか」や「できないこと」はあまり見えてきません。導入後のデメリットや、他のツールとの連携方法などをダイレクトに学べるサイトや記事もあまりないでしょう。

そう考えると、専門家の助けなしにIT活用を推進するなら、やはり「試すこと」が大切になります。一度はPCに入れて使ってみる。使い勝手は想像通りか、他のシステムとの連携で不具合がないかなど、やってみないとわからないことは本当に多いです。

仮に、試してみて微妙な結果に終わったとしても、そうやって得た知識の積み重ねが、いつか大きくモノをいいます。決して「ムダな作業」ではありません。

そして、ある程度の知識と経験が身についたら、まずチェックしてほしいのが自社に来る請求書です。私たちの現場でも、最初は請求書のチェックから始まります。

経理担当者は、来た請求書の通りに支払うのが仕事で、その中身が費用に合っているかは考えません。一度、経費の使途を見直してみましょう。実は、昔の担当者が導入したが、今は現場で使われていなかったり、業者に提案を受けて、あってもなくてもよいサービスを導入していたりと、使う必要のないサービスへの支払いを続けている企業は多く、経験上、たいていのクライアントが当てはまります。月10万円単位のムダな出費が見つかる企業もあります。

適切なIT活用の実現には、「何を使うか」と同じくらい、「何を使わないか」も大切です。余計なツールを使っているなら、まずはそれを止める。間違った環境をベースに、バックオフィス最適化のマップを描くことはできません。ムダなものがなくなった、フラットな状態で業務を可視化しなければ、適切なツール選びは難しくなるので要注意です。

Ⅴ コラム IPAのDX推進指標

自社がどのようにIT活用を進めていくか――を考える上で参考になるのが、独立行政法人・情報処理推進機構（IPA）が公開している「DX推進指標自己診断結果入力サイト※（以下「入力サイト」）」です。

「DX推進指標」とは、経済産業省が発表した「デジタル経営改革のための評価指標」の略称です。

経産省は、「DX（デジタル・トランスフォーメーション）」を以下のように定義しています。

「企業がビジネス環境の激しい変化に対応し、データとデジタル技術を活用して、顧客や社会のニーズを基に、製品やサービス、ビジネスモデルを変革するとともに、業務そのものや、組織、プロセス、企業文化・風土を変革し、競争上の優位性を確立すること」

入力サイトでは、経産省の発表した「DX推進指標とそのガイダンス」と「DX推進指標自

※ https://www.ipa.go.jp/ikc/info/dxpi.html

己診断フォーマット」のリンクがあります。ガイダンスを読んだ上で、エクセルの自己診断フォーマットに情報を入力することで、企業のDXにおける簡単な自己診断をサポートするものです。

さらに、各企業が自社と他社を比較して現状を把握できるように、自己診断結果をIPAに提出できるのがこの入力サイトです。提出した企業は、自己診断結果の分析情報、先行事例の提供、自己診断結果と全体のデータを比較できるベンチマークの提供などを受けられます。

自社でIT活用に取り組む際に、参考にしてみてはいかがでしょうか。

また、IT顧問化協会でも、「IT活用適正診断※」を無料提供しています。

10分で診断でき、eCIOの無料相談や簡単な提案を受けることも可能なので、こちらもチェックしていただければ幸いです。

※ https://ecio.jp/lp/shindan.html

5 外部の「専門家」も活用する

手前味噌になってしまいますが、経験の重要性を説明したところで、改めてお伝えしたいのは、私たちのような専門家の有用性です。

ＩＴに詳しくない方にとっては、「ＩＴ企業」と呼ばれる企業なら「ＩＴ活用」をできそうだと思いがちですが、ＩＴ業界は、その他の一般企業と同じように、さまざまな業種・業態があります。

その得意分野もバラバラです。寿司のケータリングを肉屋に頼む人はいないと思いますが、ＩＴではそんなことが普通に起きています。ウェブサイトの制作会社にＩＴ活用を依頼する企業がいる、と先述しましたが、これも同じような例です。サイト作成はできてもウェブマーケティングはできない人もいますし、サイト作成は素人のウェブマーケティングの専門家もいるのです。

そして、ＩＴ顧問サービスのような仕事に慣れている専門家は、当事者が言うと説得力がないとは思うのですが、特に少ないと思います。

ベンダーのサポート担当者はそれなりの人数がいるものの、他社サービスとの組み合わせ方などの知識は少ないでしょう。また、仮に持っていても、自社サービスにマイナスとなる情報は伝えにくいのではないでしょうか。

業務改善をサポートする企業もありますが、業務改善の専門家は、コスト削減や生産性アップのプロフェッショナルが多いです。売上アップも視野に入れ、バックオフィス全体の最適化を提案する「ＩＴの専門家」はまだまだ少ないと感じています。

私は、自分の仕事が何かと尋ねられると、「ＩＴ活用支援をしています」「御社のＩＴ担当者になる仕事です」と答えています。個人的な印象論かもしれませんが、自分ではベンダーのサポートや業務改善とは、だいぶ毛色の違う仕事だと思っています。

また、ベンダーも含め、ＩＴ活用の専門家は得意分野が分かれていることが多いのですが、私たちは企業のＩＴ活用全般を見るのが仕事です。ＩＴ顧問化協会は、「ＩＴ活用を頼むならここ」と思っていただける組織であらんとしています。

私やｅＣＩＯのメンバーは、それぞれ得意分野は異なりますが、一人ではカバーしきれない範囲を見る案件があっても、複数の専門家が現場に入って業務にあたったりすることもあります。ここでも組み合わせがモノをいう格好になります。

加えて言うなら、組み合わせという観点で見れば、人間のアイデアも、組み合わせで新しい何かが生まれることもあります。外部の専門家と自社の人材のアイデアの掛け合わせが価値を生むこともあるため、自社に特定分野のＩＴの専門家がいたとしても、触媒として専門家を登用する価値はあると感じます。

コラム

eCIOは〝IT活用の窓口〟

専門家の有用性をお伝えした流れで、私が代表理事を務めるIT顧問化協会について、改めて紹介させていただきます。

宣伝だと怒られてしまうかもしれませんが、この協会は、私が企業のIT活用を推進する上で、絶対に必要だと感じてつくった組織です。現状では、中小企業のIT導入支援に最もふさわしい存在という自負があるので、堂々とご紹介します（笑）。

私たちが運営するeCIOのネットワークの強みは、さまざまなスキルを持つ専門家の集まりであり、なおかつ中立の立場であることだと考えています。

前述のように、IT活用とひと口に言っても、その範囲は非常に広いのが実際です。販売管理が得意な者もいれば、勤怠管理が得意な者も、インフラに強い者もいます。また、そのような各分野のスペリャリストではなく、ジェネラリストもいます。私自身はウェブマーケティングも得意ですが、そのタイプだと思います。

我々のような専門家と税理士との類似性についてはたびたび言及していますが、おそらく税理士事務所の場合、「金融系に強い」「飲食店に強い」といった特徴がある事務所は、その特徴に合った人材を集めることが多いと思います。一方、私たちの場合は、ＩＴ活用に関するどんなご相談にも対応できるように、それぞれに異なる強みを持つ、多種多様な専門家が所属しています。

そして、**中立であることで、特定企業のサービスを贔屓せずに、純粋にクライアントのバックオフィス最適化のために必要なツールを選定できます**。

近年、中立の立場でさまざまな保険会社の商品を案内する代理店「ほけんの窓口」が店舗を増やしていますが、当協会はＩＴ版「ほけんの窓口」と思っていただけると、どんな存在かイメージしやすいかもしれません。

ＩＴは、薬のようなものです。

適切に処方できれば効果を発揮するものの、用法用量を間違えると毒にもなってしまう。ｅＣＩＯに限った話ではありませんが、「ＩＴ活用の専門家」とは、その処方箋を書く立場なのです。

実は、非効率な作業環境に比べれば小さな問題なので、ここまで特に触れていませんでしたが、ＩＴ企業・ベンダーの仕事に問題があることもあります。たとえば、営業力の強いベンダーと付き合いのある企業が、すすめられたツールを素直に次々と導入してしまうと、それぞれは良いツールでも、各ツールの連携が弱いとその効果もイマイチで、現場の負担になってしまうかもしれません。先述したように、請求書を見ただけで「明らかにこのツールは必要ない」と感じることもよくあります。

他にも、社外からファイルを見られるように導入した社内サーバーの更新時期が来たとして、その相談をサーバー導入時にお世話になったベンダーにすると、更新する以外の選択肢はまずないと思います。しかし、eCIOの目で見ると、「200万円でサーバーを新調するくらいなら、クラウドを活用するほうが今は便利で安い」と思うかもしれません。新薬が登場していたら、「サーバーの更新以外に、こんな選択肢もありますよ」と提示できるのは中立の立場ならではです。

また、IT活用において、専門家は薬の処方だけでなく、手術やリハビリのスケジュールを策定する医師の役割も求められます。

すべての業務でIT活用を進めるべき企業でも、全システムを一気に変えるのは無理があります。

全身に疾患を抱える患者さんがいたとしても、すべて同時に手術するのは難しい場合がほとんどで、順を追って施術すると思います。IT導入も同じで、全部を一斉に進めるのは現場の負担が大きすぎます。現場のITリテラシーと理解度を高めながら、部分部分で移行を進めていくのが現実的なスケジュールになるので、「このツールがいいので全部変えましょう」ではなく、ツールの連携も考えて中長期的に移行プランを考え、進めていく必要があります。

このような進行スケジュールの適切な順番を考えるのも、ツールの知識だけではなく、現場経験がモノをいう部分なので、eCIOが活躍できる部分です。

6 さらに「新たな価値」を生み出していくために

最後の項目となりました。ここでお伝えする内容は、「IT活用は初歩的なレベルでよい」と考える方にも、ぜひ強く意識していただきたいことです。

IT活用と聞くと、何となく「生産性アップ」や「自動化」といった効果を思い浮かべる方が多いのではないでしょうか？　もちろん、それは間違っていません。ただ、そのような効果は、今の社会だから起こる現象のひとつでしかありません。

IT活用の真の効果とは、会社の箱を可変式にして、時代の変化や技術の進化に対応できるようにすることである――。

私は、そのように考えています。

IT活用が担うものは、企業のイチ業務といった局所的な範囲ではなく、もっと大きなもので、その大きな枠の中で、企業のためにできることがたくさんある。そして、今の企業の問題点として、たまたま生産性の低さや、最新技術があれば代替可能な手作業が目につくために、それらがＩＴ活用の効果と認識されているのだと思うのです。

そのままの会社の形では、社会の変化の要請に対応しきれない企業でも、ポストモダンＥＲＰのようにＩＴシステムと組み合わせれば、会社の形を変え、懐を深くし、未来の可能性を広げられます。

少し大袈裟に感じられるかもしれませんが、このような意識を持ち、社会の変化と自社の現状を冷静に観察すれば、ＩＴ活用の次のステージが可視化されるはずです。

たとえば、社会で急激にキャッシュレス化が進んでいます。

第2章で説明したように、その流れに足並みを揃えるように、企業内でも現金を極力使わないようにして、経費精算などの手間を省力化できるＩＴ活用法が続々と生まれています。

社会の外部環境が大きく変わっているときは、内部環境を変える方法も必ずあります。そして、これからの時代において、企業が成長を続け、生き残るには、変化し続ける必要があると私は感じています。

テレワークも、新型コロナウイルスの問題がなかったとしても、時代の要請として、いずれ広がり、注目を浴びていたはずです。自宅などで勤務可能になるというのは、文字通り自社オフィスの箱を拡張し、形を変える試みと言えます。

オフィスの賃料は、中小企業にとって大きな固定費となるので、おいそれと増やせるものではありません。ひと昔前なら、「絶対に人を増やさないと回らない」と確信できてから初めて物件を探し、あまり広くならない程度の身の丈に合った物件と、賃料はやや高いものの、順調に成長が続いて人が増えても、しばらくは問題なさそうな物件を探して、どちらにしようかと経営者が頭を悩ませたものです。「現状では家賃が高すぎるくらいのオフィスに移転すると、応援してくれる人が現れて仕事が増える」というジンクスすらありました。

ですが、今の時代に物件や増員の判断に時間をかけているようでは、手強い競合のスピード感についていけなくなる可能性があります。とはいえ、適当に物件を決めて失敗するのも問題です。しかし、テレワークが可能なら、在宅勤務の従業員を増やして採用を行いつつ、並行して新オフィスを探すこともできます。テレワークで生産性が明らかに上がるタイプの人が多いようなら、しばらくは移転しない方針にする選択肢も考えられます。

また、特に中小企業の経営者に意識してほしいのが、働き方改革による法律改正にしっかりと対応し、従業員の健康や幸福に寄与することです。

なぜ、中小企業の有給休暇や産休・育休の取得率が低いのか。

その答えはシンプルで、優秀な従業員に長く休まれると、回らない体制になっている企業が非常に多いからです。

かつては、自社にできるベストを尽くした生産性でも、そうした体制になってしまっていたのかもしれません。しかし、今ならそのような業務を大幅に省力化できますし、バックオフィスを最適化すれば、こうした課題に中小企業も対応できると政府も理解しているからこそ、残業時間の上限なども含む法改正を――DX推進指標の作成等と合わせて――進めているのだと認識してください。

この社会の要請への対応は、自社を守るためにも必要不可欠です。

たとえば、バックオフィスを担当する従業員が同時に複数人働けなくなったら、業務が回らなくなる中小企業は多いと思いますが、女性従業員におめでたが続くことも考えられます。そんな事態に備えて、バックオフィスを最適化しておくべきなのです。

バックオフィスの従業員が5人いる企業で業務を2倍効率化できれば、仮に突然2人働けなくなっても、どうにか業務を回すことは可能です。

そして、ここで非常に重要なのが、大幅な省力化を実現しても、人を減らすという発想に至らないことです。「5人でやっていた仕事の効率が倍になったら、3人にしていい」というコスト重視、効率重視の考え方が、新型コロナウイルスによる医療崩壊を招きかけた病床削減につながったのを忘れてはいけません。効率化で余裕が生まれたら、私たちはそれをキープするべきなのです。

その結果、残業代は減るでしょうから、そもそも人件費は削減できます。その上で、定時まで仕事が暇で持て余すほどの効率化が実現しているなら、営業管理など、人間が注力するべき業務に浮いた分のリソースを注ぎ込み、売上アップを狙えばよいのです。

今後、優秀な人材の確保が、中小企業にとって大きな課題となります。

妊娠された社会人女性は、仕事をそのまま続けたいと考えているのに、退職に至ってしまうケースが未だに多いです。この社会問題も、現状で完璧に、とまでは言えませんが、IT活用である程度は解決できます。

余裕があっても人員削減をしない体制と、テレワークを自由にできる環境がある企業なら、妊娠した女性従業員の産休や育休取得、取得後の以前と変わらぬ環境での復職もしやすくなります。男性従業員の育休や、子育てをしながらの在宅勤務もしやすくなるでしょう。

社会人女性が妊娠・出産を機に、望まない退職をしないで済むようになれば、企業側としても、その人がこれまでに培ったスキルを失わずに済みます。これから、中小企業が退職者と同等のスキル・可能性を持つ人材を採用することは、どんどん難しくなっていきます。

しかし、**従業員が「家庭の充実」も「仕事の充実」も諦めずに済む企業だと社会に示すだけの事例をつくれれば、今働いている従業員の幸福に寄与するだけでなく、優秀な若者に対する大きなアピールポイントにもなります**。

ですから、綺麗事を抜きにしても、中小企業はバックオフィスの最適化に取り組み、従業員に喜ばれるような改革をどんどん行っていくべきです。

社会を構成する要員の多くは仕事をしています。

社会の問題は、自社で働く従業員の問題とも密接に結びついているのです。

そのような視点を持つことができれば、ＩＴ活用に対して苦手意識を持たずに、ワクワクして取り組むことができるのではないでしょうか。

ぜひ、自社の環境や、そこで働く方々の人生を、そして社会をも良くする——という大きな意識で、ＩＴ導入を検討してみてください。

おわりに——ほとんどの企業はポテンシャルの半分しか発揮できていない

最後までお読みいただき、ありがとうございます。

読者のみなさんには、「今すぐにでも、ＩＴ活用に取り組みたい」と思っていただけたでしょうか？

本文中でも触れたように、ＩＴ顧問は企業や社会の問題を解決できる、非常にエキサイティングな仕事です。

適切なＩＴ導入を行うことで、企業は劇的に変わります。

私は仕事の中で「もっと早く本間さんに会いたかった……」と言っていただくことがよくあります。それくらい、わかりやすい結果が出るのです。ほとんどＩＴ活用ができていなかった企業の場合、おおよそ2倍くらいの仕事をこなせるポテンシャルが眠っていると考えて差し支えないでしょう。

そんな企業のムダな経費・作業を減らし、売上をアップさせる。こんな仕事が、エキサイティングでないはずがありません。

あまりに都合のいい話に思えるかもしれませんが、それだけ、近年のＩＴは大変なスピードで進化しているのです。

もちろん、都合のいい話には「裏」があります。

ＩＴ活用の威力がとてつもなく大きいだけに、その流れに乗れない企業は、先行するライバルたちに追いつけなくなってしまうかもしれません。

まだ、現状なら、私は「ＩＴ活用によって売上は必ずアップできる」と言い切れます。ですが、ほぼすべての企業がＩＴをある程度は使いこなせる未来においては、単に営業管理やウェブマーケティングに取り組むだけでは、差別化を図れなくなるのではないでしょうか。

そうなると、すべてはＡＩ任せになるか、あるいは、アナログな営業手法と同じように、デジタルベースであっても、使用ツール以上に「使用者の経験や才能」がモノをいうようになるのかもしれません。

逆に言えば、そうなる前に、いち早くIT導入に踏み切り、単なる「IT導入をしている企業」ではなく、「IT活用の経験が豊富な企業」になっていただきたいのです。

少なくとも業務効率化による経費削減はできるため、ＩＴ導入のタイミングに遅すぎるということはありませんが、早ければ早いほど、先行者利益を得られることは間違いありません。

もちろん、早くやっても、いい加減なＩＴ導入では意味がありません。本書の内容を参考に、バックオフィス最適化のマップを適切に描いてください。その第一歩として、ぜひ着手していただきたいのが、御社の現状の可視化です。本書の読者限定で、このページ左下の私のLINE@にフォローをいただければ、従業員軸と顧客軸の業務フロー図のテンプレートを無料で差し上げます。自社の各セクションにおける管理の有無、アナログやＩＴツール等の管理方法やその精度をチェックし、足りないものを考えてみてください。その上で、それぞれのセクションのデータ連携の有無やその方法、情報やお金の流れも見てみましょう。

この図は、枠内に使用ツールなどを記入しやすいように、本編のものより項目名を少し小さくしているので、印刷して書き出してみることをおすすめします。最後にいきなりアナログな話になりましたが、このタスクについては「最適化」された手法だと考えます（笑）。

そうして、自社の中に変えられるムダが見つかったら、どうかＩＴの活用をご検討ください。もし我々にお声掛けいただけるのであれば、全力でそのお手伝いをいたします。

正直に言ってしまえば、私は優秀な人材がたくさんいる日本企業の多くが、生産性の低い仕事・職場環境に甘んじていることを歯がゆく

著者 LINE@
https://lin.ee/GaAlwqg

思っています。ＩＴ導入の先行者利益を得たいと考える意欲的な読者のみなさんと、それぞれの職場でお会いできる機会を心待ちにしています。

今回、執筆の機会をくださったクロスメディア・パブリッシングのみなさま、ご協力いただいたｅＣＩＯメンバーの石川さん、梅澤さん、大西さん、髙島さん、西村さん、橋さん、村上さん、取材にご協力くださった池永経営会計事務所の鉄本さま、油免さまに感謝申し上げます。そして、ここまでお読みいただいたみなさんに、改めて、心より御礼申し上げます。本当にありがとうございました。

２０２０年６月

本間 卓哉

監修・執筆協力者 一覧

石川浩司（いしかわ・こうじ）

会計事務所系コンサルティング会社出身の経験を活かし、会計事務所およびそのクライアントへのIT活用をサポート。士業のクラウドサービス活用に早くから注目し、ICT活用勉強会を設立、積極的に活動を行う。

梅澤遊太（うめさわ・ゆうた）

ITシステムのパートナーセールスとして経験を積み、現在は中小企業を対象に、企業のIT担当者となる「IT顧問」として、さまざまな業種へのITツールの選定から導入、活用を支援する活動を行っている。

大西亜希（おおにし・あき）

ヴェールコンサルティング（株）代表取締役。中小企業診断士／高度情報処理技術者。みずほ情報総研（株）、アビームコンサルティング（株）を経て現職。これまでに100社以上のIT導入支援・業務改革支援を行う。

髙島卓也（たかしま・たくや）

（株）ワクフリ 代表取締役。企業のバックオフィス業務を業務フロー設計から行い、クラウドサービスを活用し改善することを得意としている。全国の行政組織と連携し、中小企業のクラウドサービス普及にも努める。

西村公志（にしむら・ひろし）

（株）ウィズレイワ 代表取締役／中小企業診断士。大手企業のPOSシステムからのデータ分析における提案営業の立ち上げを経験。「営業はデータの分析と創造性で顧客の未来を広げるためにある」と信じている。

橋 亜希子（はし・あきこ）

（株）なないろのはな 代表取締役､IT事務長。経営者と働く社員の意見を聞き、「両者にとって最適なバランスを整えること」を使命だと考える。専門用語を使わず、誠実かつ最適な導入支援が好評。

村上陽介（むらかみ・ようすけ）

経営心理士。サーバーやネットワーク等のインフラ構築・運用支援や、ECサイト構築の現場経験と、経営者としての経験もあわせ持ち、セミナー講師としても活動中。「正しいインフラなくして正しい経営なし」がモットー。

【著者略歴】

本間卓哉（ほんま・たくや）

1981年秋田県生まれ。一般社団法人IT顧問化協会 代表理事、株式会社IT経営ワークス 代表取締役、株式会社DXソリューション 代表取締役。使命は「人×IT＝笑顔に」。中小企業に向けて、その企業に適切なITツールの選定から導入・サポート・ウェブマーケティング支援までを担うITの総合専門機関として、「IT顧問サービス」を主軸に、数多くの企業で業務効率化と売上アップを実現。これらのノウハウを共有し、より多くの企業での活用促進を図るために、2015年にIT顧問化協会（eCIO®）を発足。「経営にITを活かし、企業利益を上げる架け橋に」を理念に、専門家向けにeCIO認定講座を開始。これにより、IT活用の専門家ネットワークを形成し、IT活用・デジタルトランスフォーメーション（DX）の推進を望む全国の企業からの相談を受け、中立的な立場で的確な支援ができる体制を構築している。2020年には、経済産業省より「情報処理支援機関（スマートSMEサポーター）」として認定を受ける。著書に『全社員生産性10倍計画』（クロスメディア・パブリッシング）などがある。

売上《うりあげ》が上《あ》がるバックオフィス最適化《さいてきか》マップ

2020年 7月11日　初版発行
2020年12月10日　第4刷発行

発行　**株式会社クロスメディア・パブリッシング**

発行者　小早川 幸一郎
〒151-0051　東京都渋谷区千駄ヶ谷4-20-3 東栄神宮外苑ビル
http://www.cm-publishing.co.jp

■本の内容に関するお問い合わせ先 ………………… TEL (03)5413-3140／FAX (03)5413-3141

発売　**株式会社インプレス**

〒101-0051　東京都千代田区神田神保町一丁目105番地

■乱丁本・落丁本などのお問い合わせ先 ……………… TEL (03)6837-5016／FAX (03)6837-5023
service@impress.co.jp
(受付時間　10:00～12:00、13:00～17:00　土日・祝日を除く)
※古書店で購入されたものについてはお取り替えできません

■書店／販売店のご注文窓口
株式会社インプレス　受注センター ……………………… TEL (048)449-8040／FAX (048)449-8041
株式会社インプレス　出版営業部 …………………………………………………… TEL (03)6837-4635

カバーデザイン　華本達哉 (aozora)
DTP　荒好見 (cmD)
図版　株式会社ニッタプリントサービス
校正　小倉レイコ
印刷・製本　株式会社シナノ
ISBN 978-4-295-40425-5　C2034